JN024881

50代でうまくいく人の無意識の習慣

仕事も人生も好転する
61の気づき

AKIHIRO NAKATANI
中谷彰宏

青春出版社

50さいは、
第二の20さいだ。
原点回帰して
フットワークのかるさが、
リスペクトされる。
中谷彰宏

あきひろ

この本は、3人のために書きました。

1 将来が不安な人。

2 異動になって、どうしていいかわからない人。

3 喪失感を乗り越えたい人。

本番は、これからだ。

01

本当の勝負は50代からです。


勝負は終わったという思い込み感が、わびしさを生みます。

50代になると、多くの人は元気がなくなってしまいます。

人生を、20歳から60歳の基準で考えて、もう残りわずかという気持ちになるからです。

現代は、その先にも人生は続いています。

実際は、人生の上がりにはまったくなっていません。

上がりと思った人が上がりになるだけです。

経験がある分を生かせます。

脳を鍛えれば記憶力や柔軟性も増し、これまでの経験がたくさん生かせます。

これまでの経験をつなぎ合わせることによって、若者たちにはまったく負けません。

01 上がり気分を抜け出そう。

50代という年齢でなければできないことはたくさんあります。

「本番はこれからだ、まだ始まっていない」というくらいの気持ちでいることが大切です。

負け試合の消化試合のようなしょぼくれた感じは、本人が出しているだけです。

自分がそう感じると、それが現実になってしまうのです。

アンチエイジングのテリー・グロスマン教授は、「気持ちはあるけど体がついていかない」というのは錯覚だと証明しています。

体より前に、気持ちがめげているのです。

これは体の問題だけでなく、仕事においても同じです。

まず、「勝負はこれからだ」という気持ちを持つことです。

人生100年時代では、50歳まではまったく下積みです。

「これまでのことは練習で、これからいよいよ本番が始まる」と考えます。

「本番はこれから」と考える人には、さまざまな無意識の習慣があるのです。

50代で差がつくこと61

01 上がり気分を抜け出そう。
02 年下から、憧れられる50代になろう。
03 自分の宝物に気づこう。
04 原点を、思い出そう。
05 20代のつもりでフットワークをきかそう。
06 異動を、左遷と考えない。
07 自から異動を楽しもう。
08 「異動はオーディションだ」と考えよう。
09 断られても、諦めない。
10 入り方より、出方に全エネルギーを注ごう。

11 引き継ぎに、全力を注ごう。
12 ふてくされた言葉遣いになっていることに、気づこう。
13 情報を囲い込まない。
14 元の仕事の責任をとろう。
15 波しぶきを立てずに、入ろう。
16 実験をしよう。
17 過去の成功にも、失敗にも、こだわらない。
18 自分と他人と社会を許そう。
19 やんわり忠告されていることに気づこう。
20 トラブルを楽しもう。
21 臨機応変にしよう。
22 お金よりも、仕事をもらおう。

23 グチのかわりに、感謝をしよう。
24 ゴキゲンでいよう。
25 お詫び役を、引き受けよう。
26 脇役に、まわろう。
27 目上にも、目下にも、リスペクトを持とう。
28 師匠になるより、師匠を持とう。
29 評価されていると、信じよう。
30 報復よりも、成長しよう。
31 固定費を小さくしよう。
32 ブレーキ言葉を、ログセにしない。
33 感動するより、仕事に応用する。
34 未来の自分に、お金をかけよう。

35 嫌われるコスト削減係を引き受ける。
36 断り役を、引き受けよう。
37 拒むより、受け入れよう。
38 忙しさを、楽しもう。
39 仕事は、自分でつくろう。
40 モチベーションが下がっている自分に、気づこう。
41 モチベーションを、他者のせいにしない。
42 会社が払ってくれていた
税金・経費・社会保険・年金に気づこう。
43 みんなのやりたくない仕事を、やろう。
44 それまでの人生を、汚さない。
45 他者を「怒っている」と感じない。

46 能力より、目的を高くしよう。
47 「誰が責任をとるの?」と言わない。
48 情熱を、持続しよう。
49 「もう手がない」と言わない。
50 「考えます」を言わない。
51 「よくやってる」とほめよう。
52 お金以外の報酬に気づこう。
53 育てよう。
54 ほかの人の企画に、協力しよう。
55 言いわけより、工夫をしよう。
56 叱ってくれる人を持とう。
57 体験したことがないことを、体験しよう。

58 普通の人はしない体験をしよう。
59 相手にプレッシャーなく、頼まれるようになろう。
60 融通力を持とう。
61 選んだほうを成功させる工夫を教える。

50代でうまくいく人の無意識の習慣——目次

まえがき
01 本番は、これからだ。……5

第1章

異動は、成功するチャンスだ。

02 50代からは、「尊敬される人」と「されない人」に分かれる。……22
03 原点回帰する人は、成功する。……24
04 子どものころに好きだったものが、武器になる。……26
05 50代は、第2の20代だ。……28
06 50代は、異動の時代だ。異動は、成功するチャンスだ。……31
07 座りきり老人に、ならない。……33

08 異動の後、呼び戻される人と、呼び戻されない人に分かれる。……36
09 お客さん扱いされるより、学ぶ弟子になる。……38
10 異動や転職では、入り方より出方を見られている。……43
11 出方で大切なことは、人間関係の引き継ぎをきちんとすることだ。……46
12 「グチを聞いてあげるよ」と同期に言われたら、ふてくされているということだ。……50
13 自分がいなくてもわかるように、情報を共有しておく。……52
14 異動してからも、「なんでも相談してください」と引き受ける。……54
15 入り方は、頑張りすぎるより、まず観察する。……57

第2章

ゴキゲンな50代に、人が集まる。

16 伸びているベテランほど、新しい実験をする。……62

17 過去に生きる人は、とまる。未来に生きる人は、動く。……65
18 許すことで、成長する。……68
19 忠告する時は、空気を壊さない。……71
20 一貫性に、こだわらない。……73
21 臨機応変にすると、面白いものに出会える。……76
22 仕事より、お金を優先すると、自己肯定感が下がる。……79
23 グチと感謝は、同時に言えない。……83
24 「ゴキゲンな50代」と「フキゲンな50代」に分かれる。……86
25 お詫びは、AIにはできない。……89
26 主役より、名脇役が光る。……93
27 リスペクトを求めると、リスペクトされない。……95
28 年下の師匠を持てる。……97

第3章

不安を、行動するエネルギーに変えよう。

29 「評価されていない」と感じる人は、評価されない。「評価されている」と感じる人は、評価される。…… 102
30 不満を、報復より、成長に生かす。不安を、固執より、エネルギーにする。…… 105
31 自分の給料より、会社の利益を考える人は、コンパクトな生活ができるようになる。…… 107
32 「なんで?」と言うより、「なんと」と驚く。…… 109
33 ほめるより、学ぶ。…… 112
34 貯金で守りに入るより、自分の未来に投資する。…… 114
35 まわりにいいカッコをすると、コスト削減はできない。…… 116

36 トラブルから、逃げない。……118
37 拒むと、苦しくなる。受け入れると、楽しくなる。……120
38 50代で、自発か受け身かがわかる。ヒマになる人は、受け身の人だ。……122

第4章

「やりたいこと」より、「役に立つこと」をやろう。

39 50代は、フリーランスだ。……126
40 自発で働いている人は、へこまない。モチベーションが下がっているのは、まわりが気づく。……128
41 50代でモチベーションが下がる人は、前から低い。50代でモチベーションが上がる人は、前から高い。……130
42 もたれている人は、もたれていることに気づかない。……133
43 「やりたいこと」より、「役に立つこと」をするのがプロだ。……136

44 グチをこぼすことで、それまでの人生が悲劇になる。 139
45 「叱られた」と感じるより、「教えられた」と感じる人が成長する。 141
46 能力の高い人より、目的の高い人が、リスペクトされる。 143
47 「責任は全部、私がとる」と言う50代に、人はついていく。 147
48 興奮は、続かない。情熱は、続く。 149
49 工夫とは、今までのやり方を変えることだ。工夫の余地のなさそうなものに、工夫を加える。 151
50 「やってみる」の反対は、考える。 154
51 当事者は、文句を言わない。傍観者は、文句を言う。 156

第5章

「生産性」ではなく「付加価値」で、勝負は決まる。

52 育ててもらった恩返しをする。 160

53 50歳から、職人になる。
職人の仕事は、「つくること」と「育てること」。……162
54 他の人の企画を引き受けることで、新たな扉が開く。……165
55 「工夫する50代」は成長し、「言いわけする50代」は成長しない。……168
56 「叱ってくれる人」がいなくなると、成長がとまる。……171
57 自分が体験したことがないことから、付加価値が生まれる。……174
58 面白い体験が魅力になる。……176
59 頼みごとは、融通がきく相手にしかされない。……178
60 自分のためにするのが、マニュアル。相手のためにするのが、融通。……181
あとがき
61 予測ではなく、うまくいく方法を教える。……183

本文デザイン・ＤＴＰ　リクリデザインワークス
編集協力　遠藤励起

第1章

異動は、成功するチャンスだ。

50代からは、「尊敬される人」と「されない人」に分かれる。

02

50代からは、

① 尊敬される人

② 尊敬されない人

の2通りに分かれます。

どんなにお金持ちになっても、尊敬されるとは限りません。

どんなに仕事ができても、尊敬されない人がいます。

そうなると、その人の幸福感はいつまでも満たされません。

ちょっと前までは、近所にカッコいいオジサンがいました。

飲み屋にいたり、仕事場でも決して上の役職でなく、どんな職業かはわからないオジサンが着物をビシッと着ていました。

自分も、その年齢になった時に、カッコいい、年下から憧れられる人を目指せばいいのです。

自分自身が、年上の憧れる人を持っていることです。

50代で差がつくこと
02
年下から、憧れられる50代になろう。

自分の年下にライバル心を燃やす女性は、年齢コンプレックスを持っています。

「早くあんなふうになりたい」と、年上の憧れの目標を持っていれば歳をとることは怖くありません。

憧れられる50代、60代になるという目標値を持つことです。

「若く見られよう」とすることを目標にしたり、若者たちと競争する必要はありません。

競争する相手は、自分よりもっと年上の人です。

そのためには、カッコいい50代以上のお手本を持つことが大切なのです。

03

原点回帰する人は、成功する。

私自身、50歳を過ぎてからの仕事のやり方は、どんどん原点に戻っています。
たとえば、私は今、美術の仕事をしています。
私の実家の本家は骨董屋です。
私は、本家のおじさんに「おまえ、骨董屋をやらないか」と誘われた時、断りました。
それなのに、実際はどんどん美術に近づいています。
私の家は、染物屋でした。
染物屋の仕事場が私の遊び場でした。
今、私はどんどん職人に近づいています。
実家は、夜はスナックで客商売をしていました。
その関係で、私は30代からホテルの仕事をしています。

今、中谷塾の生徒をホテルやレストランに連れていき、マナーを教えているのは、昔、自分が親から教わったことを、次に伝えているのです。

神社やお寺に行くのも同じです。

両親が信心深く、子どもの時から神仏の話を聞かされていました。

母方の先祖は神社の仕事をしていた人でした。

今、神社に行って神道を説明しているのも、どんどん原点回帰しています。

50歳までは、原点から離れることをずっとしていました。

50歳から折り返して、いつの間にか原点の仕事を始めていくと、仕事感がありません。

自分の中にすでにあった鉱脈をもう一度、「こんな宝物があった」と気づけるかどうかです。

50代は、「今までほったらかしにしていた宝物の蔵を開けた」という気持ちが湧いてくれば、ごく自然にいろいろなことができるのです。

50代で差がつくこと

03

自分の宝物に気づこう。

子どものころに好きだったものが、武器になる。

04

中谷塾で授業をしていて、「あれ？　これ、家のスナックと同じことをしているな」と感じました。

塾とスナックは同じなのです。

私が本に書いていることは、結局、親から教わったことです。

親は、おじいさんから教わったことを受け継いでいます。

代々世襲しているのです。

私がマナーの本を書くのも、マナー教室に通ったわけではありません。

日常生活の中で「これはこうしなさい」「それは紳士的じゃないですね」と、家で教わったことが原点です。

原点回帰とは、原点に戻ることだけでなく、「これは大昔からやっていたな」と気づくことなのです。

文学芸者の樋田千穂《ひだちほ》さんは、最初結婚して死別して、花柳界《かりゅうかい》に入りました。

売れるためには、人と同じことをしてはいけないと考えました。

小説が好きだった彼女は、「萬朝《よろず》報」の懸賞小説に応募して入選しています。

面白いからと、実業家・藤田伝三郎にかわいがられました。

藤田伝三郎の紹介で引き合わせられた伊藤博文にかわいがってもらいました。

結局、樋田千穂さんは、芸ではなく、子どもの時から好きだった小説で成功したのです。

大人になる前に好きだったものに気づくことが、原点に戻るコツなのです。

50代で差がつくこと

04

原点を、思い出そう。

05

50代は、第2の20代だ。

「50代は、第2の20代」という意識を持つことです。

最初のファースト20代と2回目のセカンド20代は、どちらも20代であることは共通です。

ファースト20代を思い出してみると、ひたすら走りまわっていました。

ただ必死に仕事を覚え、上司にもお客様にも怒鳴られ、失敗を繰り返していました。

それほどしんどさを感じないのは、初めての20代だからです。

2回目の20代である50代は、そこそこの役職についた後、もう1回叱られるとしんどいのです。

「これだけの経験があるのに、なんで20代みたいなことをしなくちゃいけないんだ」

と考える人は、うまくいきません。

「また20代ができるんだ」と考えられることです。

口では「若くなりたい」と言いながら、20代のフットワークがなければ、ただよぼよぼの経験のない20代にすぎません。

それならファースト20代の勝ちです。

会社は給料の安い20代を採ります。

もう1回、経験を持ってフットワークを生かす20代のような仕事をするのが50代の生き方です。

50代をただの50代と思わないことです。

50代がしょぼくれている感じなのは、ラスト10年の感覚を持つからです。

50代でリセットして、2回目の20代としてやり直せばいいのです。

ビートたけしさんとお会いした時に、「何歳に戻りたいか」という話を伺ったのを印象的に覚えています。

戻る時の条件は、

①　今の意識を持ったまま戻る
②　今の意識が消えて戻る
という2通りがあります。
50代は、今の記憶と意識を持って20代に戻ります。
そのほうが理想の50代になれます。
20代は、経験が少なくて知らないからできないことが多いのです。
今の意識を持って20代を生きると、いろいろなことができます。
それなのに、余命10年のような感覚で生きるのはもったいないです。
50代から成功するかどうかの分かれ目がフットワークなのです。

05
20代のつもりで フットワークをきかそう。

06

50代は、異動の時代だ。異動は、成功するチャンスだ。

50代は、異動の時代です。

この異動は、移動ではなく、配置転換です。

「異動」は、多くの50代には怖い言葉です。

本来、怖い意味はありません。

「異動」と書いて「左遷」と読んでいるだけです。

実際は、左遷はありません。

本人が「左遷」と読んでいるにすぎないのです。

Sさんはイギリス支社、フランス支社を経て、日本に帰ってきた後、地方の支社に行きました。

関連会社の中でも小さい会社です。

これは、世の中で言えば左遷です。
Sさんは障害者を雇用している会社の責任者になりました。
まわりの人間としては、「彼になんと言えばいいかな」と気を使います。
当の本人は、「チョー楽しい」と言っていました。
「すごいな」とリスペクトを感じたのです。
Sさんは、負け惜しみではなく本当に楽しんでいます。
「左遷」「外れた」「島流し」と、自分から言わないことです。
自分の口から言った瞬間に、現実の島流しになってしまいます。
異なるところに動くことを楽しめるかどうかが勝負です。
20代は、左遷かどうかは何も考えません。
50代は自分の椅子から離されることを処刑宣告のように感じます。
異動がつらい人は、フットワークがなくなるのです。

06 異動を、左遷と考えない。

07

座りきり老人に、ならない。

50代で自分の椅子《いす》にへばりつく人は、座りきり老人です。

寝たきり老人ではありません。

若いうちから異動している人は、異動に強いです。

ずっと本社勤務をして、異動を体験していない人は、1回の異動でポッキリ折れてしまうのです。


転職も同じです。

転職と異動は、境目がありません。

たとえば、ホテル業界で、隣のホテルに転職するのは席替えぐらいの感覚です。

業界全部で1つのホテルなのです。

プロ野球で所属するチームが変わるのと同じです。

転職や異動が平気な人は、自分で「左遷」とは呼びません。

同じところに長くいると、刺激がなくなります。

逆に新しいことをしたほうが楽しめるのです。


優等生の50代ほど異動が苦手です。

「せっかく築き上げたこの椅子を失いたくない」と思うのは座りきり老人です。

会社は引っ越しが多いです。

会社の引っ越しをすると、座りきり老人があぶり出されます。

リーダーとなる50代は、本来、会社全体をどうしていくか考えなければならない年齢です。


座りきり老人は、「私の椅子はどこになる？」と、一番最初に聞きます。

自宅の引っ越しの場合は、「オレの書斎はどこだ？　オレの書斎さえあれば、どこだっていい」と言います。

奥さんは、家の立地や、子育てや買い物のしやすさという幅広い視野で見ることができます。
男性は、「どこでもいいから、とにかくオレの書斎をくれ」と言わないことが大切なのです。

50代で差がつくこと

07

自ら異動を楽しもう。

異動の後、呼び戻される人と、呼び戻されない人に分かれる。

08

異動を左遷と感じる人は、「終わった」と感じるのです。
会社は常に次のリーダーを求めています。
リーダーになれるかのテストが、異動です。
「この人を異動させた時にどうなるか」と、様子を見ているのです。
リストラを潔く前向きに受けとめた人間は、呼び戻されます。
それなのに、異動で「もう終わった」と捨てゼリフを吐く人がいます。
異動を結果だと思っているのです。
異動は、結果ではありません。
「この異動をあなたはどう受けとめますか?」というテストです。
オーディションです。

異動を前向きに受けとめた人間を本社に呼び戻すという形でテストしているのです。

この構造がわかってしまえば、異動を楽しめます。

異動はプロセスで、怖いものではありません。

出来事すべてをプロセスに解釈する人と、ゴールに解釈する人とに分かれます。

人生にゴールはありません。

たとえ80歳、90歳になってもゴールはありません。

異動になった時は、「出た、テストだよ。ここで感じよくするためにはどうしたらいいかな」と考えればいいのです。

50代で差がつくこと

08

「異動はオーディションだ」と考えよう。

09 お客さん扱いされるより、学ぶ弟子になる。

これまでお客様姿勢でいる人は、お客様扱いされます。
「私は一流ホテルに行っても平気で堂々とできます」と言う人がいます。
実際は、ホテルマンにあやされているだけです。
「一流ホテルは平気だ」と言う人は、一流のお寿司屋さんでは通用しません。
お寿司屋さんは職人で、サービスマンではないからです。
サービスマンは、お客様のレベルまで下りてきてくれます。
職人は「自分のレベルまで上がってこい」という姿勢でいます。
お客様のレベルまで下りてくれません。
レベルは、どちらも高いのです。
実際は下りてきてもらっているのに、自分のレベルが上がっていると勘違いしているのが、お客様気分の人です。

職人に向かっていくためには、習いごとをする生徒のつもりでいく必要があります。

中谷塾の生徒を、ホテルオークラにあるシューシャインの靴磨き職人・井上源太郎さんのところに連れていきました。

緊張しているみんなに、私は「源さんに靴を磨いてもらうには、どんなふうに接すれば嫌われなくてすみますか？」と聞きました。

源さんは、気に入った人しか磨かないのです。

源さんに「皆さん、足元拝見します」と言われました。

そこで「ハイ、自分で磨いてください」と言われました。

「切り捨てられた」と思うわけです。

それは職人とのつきあい方を知らないからです。

サービスマンは、お客様にそんなことは言いません。

「よく手入れされていますね」と、ほめてくれます。

職人に「自分で磨いてください」と言われても、中には磨いてもらいに来る人がい

ます。

その人は合格です。

職人は、テストするのです。

これが、今まで職人とつきあったことがある生き方かどうかの分かれ目です。

異動も同じです。

異動でふてくされている人は、異動する前からモチベーションが下がっているのです。

たとえば、デートで「朝まで一緒にいたい」と言った女性が、男性がホテルの部屋をとった後、突然「やっぱり帰る」と言いました。

女性は「やっぱり帰る」と言った時に、相手がどうリアクションするかテストしているのです。

ここでムッとして、「その気がないなら、もう会わないから」という冷たい態度をとる男性は、「行かなくてよかった」と切り捨てられます。

テストされて、「なんだ、ひっかけかよ」と怒るような男性は合格できないのです。

ある会社は、転職面接の応募者に「それでは合格したら、こちらからご連絡させていただきます」と言います。

実際は、全員に連絡を出しません。

問い合わせてきた人だけ合格という面接です。

連絡が来ないから「あ、落ちた」と思うのは早とちりです。

連絡のない時、どうするかがテストなのです。

採用する側が見るところは、断られたら諦めるタイプかどうかだけです。

面接では「なんでもやります。熱意があります」と言っても、「ああ、連絡なかったか」と諦めるなら、その人は仕事でも使えないのです。

「私は粘り強い」と言っていた人が、自分から連絡しないのはおかしいのです。

断られた可能性があっても連絡するというのは、エネルギーがないとできません。

もう1つは、「問い合わせたら、よけい嫌われるかな」と、これまでの経験が邪魔をします。

過去の分析から、「こういう場合は8割方ダメなんだよね」という判断をしてしまうのです。

逆に、今までの経験量が少ない人は平気で問い合わせます。

経験は、プラスに働くこともあれば、邪魔をすることもあるのです。

09

断られても、諦めない。

10

異動や転職では、入り方より出方を見られている。

異動は、急に告げられます。

内示が出るのが長くても2週間前なのです。

たった2週間で片づけて、次のところへ動かなければなりません。

その時、今の職場の出方と、次の職場への入り方という2つの作業を並行してすることになります。

転職の相談で一番多いのが、「出方と入り方で気をつけることを教えてください」です。

私は、「入り方はどうでもいいから、100％出方をしっかりしよう」とアドバイスします。

ほとんどの人が「エッ、100％、入り方が大切だと思っていました」と言います。

「次の会社や次の部署に行ったらどうしよう」ということしか考えていないからです。

たとえば、出版社の編集者は転職が多いです。

Aさんが前の会社から次の会社に移りました。

私には、「今度○○の会社に移りましたので、またぜひ一緒にお仕事をお願いします」と連絡が来ました。

これで、Aさんはチャンスを失います。

信用を落としているのです。

これでは、前の会社の担当が誰になったのかわかりません。

成功する人は、「今度転職することになりまして、後任はこの人なので、よろしくお願いします」と、出方をきちんとします。

そうすれば、次の会社に移った後も一緒に仕事ができます。

自分中心に考える人は、「新しい会社に入ったので、ぜひ仕事をお願いします」と連絡をします。

それだけでは、私と前の出版社との関係性は切れてしまいます。

次のところでどう成功するかだけを考えていると、前の会社で大混乱が起こります。

今までおつきあいのあった協力機関の人、お客様、お得意様が全部ここで切れてしまうからです。

五分五分でなく、残り2週間は全力で引き継ぎに100%力を入れることが大切なのです。

50代で差がつくこと

10

入り方より、出方に全エネルギーを注ごう。

11 出方で大切なことは、人間関係の引き継ぎをきちんとすることだ。

人間関係の引き継ぎをする時は、ずっとおつきあいがあった人をリストアップして、3つの要素をそれぞれ書いておきます。

① これまでの経緯

そのお客様とどういう経緯があったかという過去のヒストリーです。

② キャラ

そのお客様はどんな人なのかというキャラクターです。

③ 注意事項

「これをしたら逆鱗《げきりん》に触れる」「これは嫌い」など、そのお客様の好きなものより、絶対してはいけないことを聞いておかないと、後から行った人間が大失敗します。

仕事をする人間としては、後任者ではなく、これらの情報を伝達してくれた人に信頼感が湧くのです。

私は同じ美容院に30年行っています。

その美容院は、私が本を読むことをほったらかしにしてくれるからです。

知らないところへ行くと、「そんなにたくさん読まれるんですか」という会話から始まります。

速いペースで読む私を見て、「エッ、そんなスピードで読んでいるんですか」と話しかけられます。

そうなると、「集中させて」と言いたくなります。

「この人は本を読むから放置する」というヒストリーが、人が代わってもきちんと伝達されるお店がいいのです。


どんなお店でも、そこで働く人の入れかわりがあります。

経緯・キャラ・注意事項は、カルテです。

人々が安心して病院に行けるのは、カルテがあるからです。

カルテがあるから、お医者さんが代わっても安心なのです。

業務を引き継ぐ時、病院のようなカルテをつくっているところはありません。

たとえば、編集者も「この人はこれが嫌い」「こういうキャラだ」というカルテは一切ありません。

その情報は編集者個人の中に入っています。

病院で、「あの患者さんのことは全部、私がわかっていますから」と言う人がいるのは怖いです。

私はマッサージも同じお店に28年行っています。

私は、「ダンスされているんですか」「ダンスってどういうのですか」というやりとりを省略してほしいのです。

引き継ぎのないお店に行くと、全員に言わなければなりません。

この**引き継ぎをきちんとすることが大切です。**

前の会社から出る時に、お客様1人1人をまわって「次は彼が担当しますから」と、引き継ぎをしてくれるだけで、その人とは新しい会社に行ってもつきあおうと思います。

単に「今度、新しい会社に移りまして」と挨拶に来られると、「エッ、じゃあ、前の会社への連絡は誰にすればいいのかな」と困ります。

出版社は、みんな個人で動いています。

引き継ぎがないと、その作家のところへ行く次の担当者がいなくなって、関係が切れてしまいます。

それは両者にとってマイナスでしかないのです。

50代で差がつくこと

11 引き継ぎに、全力を注ごう。

12

「グチを聞いてあげるよ」と同期に言われたら、ふてくされているということだ。

本人にとって左遷的な不具合なことがあった時に、仲よしの同期から「グチ聞いてあげるよ」という連絡が来ることがあります。

この発言が出るのは、ふてくされているのが社内に広まっているということです。

自分が、ふてくされている空気をまいているのです。

ハッピーにしている人間に対して、「グチがたくさんたまっているんだろうな。聞いてやらないと」という気持ちにはなりません。

同期はよかれと思って言ってくれるわけです。

「自分はそんなことは口に出していない」と言っても、思考は言葉になります。

本人は、思考が言葉になっていることに気づかないのです。

言葉の次が行動です。

行動していなくても、もう言葉になってしまっているのです。

仲間が気をきかせて「グチ聞いてやるよ」と言うのは、うらやましがられていません。

気の毒がられています。

それは、自分が気の毒な人間である空気を出してしまっているのです。

ふてくされた感じが出た時点で、オーディションは不合格になります。

異動になっても呼び戻そうとするのは、ふてくされない人です。

地方の会社に行っても「この仕事、チョー楽しい」と言う人は呼び戻したくなります。

もったいないし、もっと大きな仕事をさせたいと思うからです。

異動になってふてくされた人は、「この人間はもういらないな。異動させてよかった」と思われます。

結果として、自分で左遷というコースをつくり上げてしまっているのです。

50代で差がつくこと
12
ふてくされた言葉遣いになっていることに、気づこう。

13

自分がいなくてもわかるように、情報を共有しておく。

異動で、もといた部署から離れる時は情報を共有して、仕事に支障をきたさない状態にすることが大切です。

異動になると、情報を囲い込む人が多いのです。

理由は簡単です。

小さい報復攻撃です。

「ほらね、自分がいないと困るだろう」と思わせたいのです。

本人にそのつもりはなくても、無意識に小さい嫌がらせが生まれます。

捨てゼリフは言えないので、嫌がらせの1つでもして自分の喪失感を埋めようとするからです。

自分がいなくてもまわっていくのが悔しいのです。

異動は、オーディションです。

いなくても仕事がまわるような人間こそ呼び戻されます。

また一緒に仕事をしたくなります。

そのためには、自分がいなくてもわかるように情報を共有しておくことです。

本来は、ふだんから「今日は○○が出張中なのでわかりません」「休みなのでわかりません」ではなく、不在でもきちんとわかるようにしておく必要があります。

担当者が不在でもわかるようにしているだけで、得意先の信頼感は厚くなるのです。

「あの人に任せておいたら大丈夫」となるのがリーダーです。

そのリーダーがいないと仕事がまわらないというのは、リーダーとしては失格です。

50代はリーダーになる年代です。

実際の50代は、役職者ばかりで、リーダーが不足しています。

役職者とリーダーはまったく別ものです。

階級が上がったからといって、リーダーになったわけではないのです。

50代で差がつくこと

13

情報を囲い込まない。

14 異動してからも、「なんでも相談してください」と引き受ける。

たとえば、A社からB社への異動辞令が出ました。

「今度B社に移りましたけど、もしA社のことで何かわからないことや困ったことがありましたら、なんでも私に言ってください」と言う人は信頼が持てます。

A社からB社に移った後も、相変わらずA社の人間でもあり続けるということです。

どちらの相談も受けます。

異動は、椅子が替わっただけです。

相手からすると、その人とつきあっていることに変わりはありません。

常に、人間対人間で一生のつきあいをすることです。

「私は会社を替わらないから」と言う人がいます。

会社が替わらなくても部署の変更はあります。

場合によっては、もとの部署に帰ることもあります。

出方をしくじると、もとの部署に帰った時に「あの人はもういいかな」と、仕事を受けてもらえなくなります。


たとえ永遠に会わなくなるとしても、前の会社になんの引き継ぎもしないで、情報を抱え込んだままいなくなったという情報は次の会社にもまわります。

すべての会社は1つの会社だからです。

「1つのところで信用を落としても、別のところがある」は、ないということです。

1つのところで信用を落とすと、すべてのところで信用がなくなります。


成功する人は、「なんでも相談してください」と、自分が窓口になって前の会社をフォローします。

実際は、たった2週間で引き継ぎは不可能です。

新しい会社に移った後も、前の会社のお客様のフォローが必要です。

それによって、前のお客様との関係性を継続できます。
結果として、新しい会社でも仕事を一緒にしてもらうことができるのです。

14

元の仕事の責任をとろう。

15

入り方は、頑張りすぎるより、まず観察する。

「引き継ぎに全力を注ごう」という話をすると、「入り方は頑張らなくていいんですか」と心配する人がいます。

前の会社の出方をきちんとしている人は、それだけで新しい会社の入り方がわかるのです。

新しい会社に入って失敗する人は、いきなりフルスピードの気合いで浮いてしまうというパターンです。

それぞれの会社は、やり方がまったく違います。

新しい会社に入った時は、まず観察に徹します。

「ここのルールはどうなっているのかな」と、ルールを覚えることです。

受け入れ先の会社のほうも、新しく来た人はどんな人かなとビクビクしています。おっかなびっくりでいるところに、いきなりトップスピードで来られたら、「めんどうくさい人が来ちゃったな」となります。

バリバリ働かれると、自分たちがサボっているように見えて迷惑なのです。

前の会社のやり方で、いきなりゴリゴリしてくるからです。

本人は、新しいところで第1打席からホームランを打たなければいけない、と思い込んで力が入っているのです。

これは、次の会社に行って「なんかめんどうくさい人が来ちゃった」と思われる、協調性がなく、場の空気を読めない人のパターンです。

波しぶきを立てないで、すっと入ってしばらく見ていることが大切です。

たとえば、クラブで話がうまくなる女性は、新しいお客様の席に入ると、「こういう会話なんだな」と、しばらく黙って聞いていています。

お客様が振ってくれるまで話しません。

「私が、私が」「それなら私も知ってる」と言って入り込んでかきまわす女性は、しくじります。

入り方は、たった1つ、頑張りすぎないで観察することです。

実際、失敗する人は気の毒です。

まじめで頑張り屋の人ほど、新しい会社でしくじるのです。

50代で差がつくこと

15

波しぶきを立てずに、入ろう。

第2章

ゴキゲンな50代に、人が集まる。

16

伸びているベテランほど、新しい実験をする。

成功する50代ほど、実験が多いのです。

20代は、経験がないので全部実験です。

50代は、たいていのことはやり尽くしています。

たとえば、提案が出た時、「これ、前に似たものをしたな。その時ダメだったんだよ」と考えると、採用しません。

過去に体験のないものに出会った時は、「これで失敗したら痛いな」と考えます。

20代は失敗ばかりなので、失敗が痛くありません。

50代は打率がよくなります。

ヒットの数が少ないのに、打率だけ高いのです。

打数が少ないからです。

難しい局面では降りるので、打率だけは上がります。

上がった打率を下げたくないので、ムリはしません。

絶対成功することだけをします。

結果として、実験ができないのです。

そのやり方をしていると、ヒットは出てもホームランは出ません。


20代は実験の時代です。

50代は2回目の20代なので、過去の経験を生かして、「それはしたことがなくて、どうなるかわからないし、打率も下がっちゃうけど、エイッ」とできる人がチャンスをつかみます。

20代の人と50代の人に、「この実験、誰かしたい人？」と聞くと、50代は手を挙げません。

失敗したくないからです。

実験でいい結果が出ない人生より、失敗しない人生を歩もうとします。

16 実験をしよう。

実験と仕事とは違います。

実験は、「これはない」ということがわかれば成功です。

「この商品をつくったけど、売れなかった。なんでだろう」という分析も、実験としては成功です。

「ここ、こうしたら売れたかもしれない」という反省ができます。

実験をしなければ前に進みません。

前に進むために、新しい実験をどんどんしていけばいいのです。

17

過去に生きる人は、とまる。未来に生きる人は、動く。

50代は、「過去に生きる人」と「未来に生きる人」とに分かれます。

20代は過去がないので、前に進む未来しかありません。

50代は過去もそこそこあるので、過去に生きることもできるのです。

そのため、「昔ね……」という昔話が多いのです。

過去の成功にこだわるのも、過去の失敗にこだわるのもNGです。

30年ぐらい仕事をしていると成功もあります。

その成功が忘れられなくなってしまうパターンに陥りやすいのです。

失敗の痛さが残りすぎて、「もう二度とそれはしたくない」と思うと、チャレンジできなくなります。

会議で出たアイデアを潰す意見は「それ、昔やってダメだったんだよね」です。

ただ、同じ状況は2回起こりません。

昔と今とでは、マーケットが変わっているからです。

同じ企画でも、マーケットが変わっていれば、当たるかどうかはわかりません。

実際、商品は、どんなビッグデータの時代になっても、やってみないとわからないのです。

これが究極、マーケティングの本質です。


アマゾンやグーグルが強いのは、実験するからです。

これが未来に生きるということです。

過去に生きる人は調査をします。

結局、調査は過去のデータです。

営業さんが必ず1回「これは過去に売れたかどうか」と調べるから、アマゾン、グーグルに勝てないのです。

アマゾン、グーグルは、とにかく常に先にやってみます。

実験した上で「ある」「なし」を判断します。

これで今のデータをとれるわけです。
調査は、過去のデータを見ているだけです。
過去のデータは、今とは状況が違います。
これが個人の中で起こると、過去に生きる50代と未来に生きる50代に分かれます。
過去に生きる人は、死んではいません。
ただ人間は、生きているだけでは不十分なのです。
「生きている」とは、動いているということです。
座りきり50代は、動いていません。
チャレンジしないからです。
じっとしている人は、未来に生きることはできないのです。

50代で差がつくこと
17
過去の成功にも、失敗にも、こだわらない。

許すことで、成長する。

18

社会人を30年もしている50代は、あちこちを削られ、それなりに完成形ができ上がります。

20代のころは、もっと凸凹《デコボコ》していました。

完成形ができ上がってしまうことの不具合は、不完全が許せなくなることです。

そのために、**50代は「普通、こうだろう」「常識だろう」と、怒りっぽくなるのです。**

その「普通」は、これまで集めた個人の経験によるもので、全員の普通ではありません。

万人共通の普通などないのです。

その人の人生においての普通と違うことが納得できないだけです。

私もゲラ（校正紙）を直す時に、「ここはちょっと難しいからわからないと思います。

補足説明を」と書いてあると、「これは常識だろう」と書いて、「書きすぎた。ゴメン」と思いながらホワイト（修正液）で消すことがあります。

個々人で、普通の度合いが違うからです。

完璧主義は、最終的には自分攻撃になります。

自分の不完全が許せなくなるのです。

社会に完全なものはありません。

50代からは、

① 寛大になる人

② 怒りっぽくなる人

の2通りに分かれるのです。

寛大になる人は、「世の中に完璧はないんだな」とわかるからです。

「自分も完璧ではないし、相手も完璧ではないし、社会も完璧ではない」と思えると、「そんな中でも頑張っているよね」と、怒らなくなります。

「いや、完璧はあるはずだ」と思い込んでいる人は、不完全なものに対して納得がいかなくなるのです。

不完全を許せる人は、魅力ある50代になります。

これが余裕です。

「余裕」とは、「あの人、いいよね」と、不完全を許す姿勢なのです。

18

自分と他人と社会を許そう。

19 忠告する時は、空気を壊さない。

不完全を許せないと、忠告ジジイになります。

「前から言おうと思っていたけど、これはおかしいよ」「ダメだよ」と、「普通」や「常識」を持ち出します。

これをレストランでも平気ですると、食事を楽しむ空気ではなくなります。

その人は、そもそもいい人です。

自分のお客様に「ここの料理が素晴らしい」と、いいお店を紹介したいと思って連れてきたのです。

そこで自分の見せたいレベルのものと違うことが起きただけです。

そのせいで、スタッフに激怒するのです。

その後、まわりの人はすごくごはんが食べにくくなります。

怒った後の空気は変えようがないのです。

今日プロポーズしようとしていた人も、一気に「プロポーズの空気じゃないね」となります。

ある時、オープンキッチンでシェフが若手に激怒していました。

お店の中がシーンとなりました。

それによって、お店にいるお客様は「早く帰りたい」という空気になります。

忠告する時は、明るく注意すればいいのです。


50代も、自分より年上の人から忠告されることがあります。

その時、やんわり忠告されていることに気づかない人がいます。

それは、やんわりとした忠告を知らないからです。

忠告は、店中がシーンとするぐらいのものという印象があるのです。

やんわりした言い方ではきかないと思い込んでいると、やんわり忠告されたことがわからなくなるのです。

19 やんわり忠告されていることに気づこう。

20
一貫性に、こだわらない。

新しいことに挑戦しようとする時に、今まで生きてきた50年間の人生を振り返り、「これは自分っぽくない」と言う人がいます。

「自分らしさ」とは、一貫性を持っているのです。

人間は、それまでの人生における一貫性からはずれると、「自分らしくない」と言います。

たとえば、「新しいお店に入らない」「今までしたことのない仕事はしない」ということで、その人の潜在的な能力は発揮できなくなります。

ただしぼんでいくだけになるのです。

50代でも、まだ使っていない潜在的能力はたくさんあります。

潜在的能力に出会うためには、自分らしくないことをすることです。

中途半端に「これって自分らしくないんだよね」と言い始めた瞬間に、すごく狭い範囲に限られて、ほかにもっとあった鉱脈をスルーしてしまうことになります。

一貫性にこだわる人は、完璧主義です。

それによって、「自分らしいか、どうか」というところで選択肢を狭めています。

チャンスは自分らしくないところにあります。

たいていはトラブルから自分らしくないところにたどり着けます。

道を間違えることによって、新しいお店や新しい人に出会うこともできるのです。

道を間違えた時に、ただ引き返すだけで、最初のコースどおりに行こうとする人は、臨機応変でないということです。

中谷塾の遠足塾は、ひたすら臨機応変です。

途中で面白いものを見つけると、そこに寄ります。

先日の目的地は、京都の永観堂のみかえり阿弥陀《あみだ》でした。

阿弥陀さんが、修行中にモタモタしている永観律師《ようかんりっし》を「永観、遅し」と言って、振り返って見てくれている仏像をみんなで見に行くことにしたのです。

その前に、「南禅寺は寄らないとね」と、南禅寺に行きました。

「ほら、この水路閣は2時間ドラマの謎解きがあるところだよ」と説明したり、三門から見て「絶景かな」と石川五右衛門のマネをしたり、野村美術館を観たりしました。

途中で東山高校を見て「ここは、みうらじゅんさんが出た高校だよ」と説明しながら進んでいくと、永観堂に着きました。

到着したのが4時5分だったため、閉館していました。

5分遅れで、みかえり阿弥陀が見られなかったのです。

「途中寄り道したからね」「また来ます」と言って、それから「今からタクシーに乗れば、泉屋博古館《せんおくはくこかん》に間に合うかな」と、泉屋博古館に行きました。

みんなには難しいであろう青銅器の解説を熱弁して、「蛍の光」が流れて追い出されました。

たとえ5分遅れで目的のものが見られなくても、「また来ます」と言って、次の場所へつないで楽しむことが大切なのです。

50代で差がつくこと

20

トラブルを楽しもう。

21

臨機応変にすると、面白いものに出会える。

一貫性にこだわるのは、行程表をきちんとしたい人です。

時々、私が「レジュメをここからつくってみたら、面白い展開になりそうだけど」と変更の提案をすると、「これ、会議を通っていますので、予定どおりでお願いします」と言う編集者がいます。

その場合は、「わかりました。予定どおりします」と従います。

面白いCMは、コンテどおりにならなかったものなのです。

コンテどおりのものは、職人が集まるとテイク1でできます。

CMはテイク20まで撮るのです。

映画はここまでしません。

ＣＭは15秒しかないから予算をかけられるのです。

1秒1コマで15コマとして、1コマ20テイク撮ります。

コンテどおりのテイク1をテイク2からどれだけ面白いものにするか、職人たちが集まって試すのです。

クライアント試写の時に、コンテどおりのものと、現場でき上がった面白いものの2通りを見せます。

「もともとのコンテもいいですけど、こっちのほうが面白いんじゃないですか」と、現場でできた面白いものを拾えたクライアントさんがヒットするＣＭをつくっているのです。

本当の面白さは、コンテだけでは限界があります。

何か試して面白いものに出会えたら、それを優先していけばいいのです。

たとえば、新型肺炎で美術館が休みになっている時、「遠足塾」に行く塾生から「どうするんですか」という問い合わせは1人も来ません。

「今日はどこになるのか」と、みんなワクワクしているのです。

旅行代理店で申し込んだ場合でも、欠航になった時に払い戻さないで、「じゃ、どこでもいいから、どこか面白いところへ連れていってほしい」と楽しむことです。

最初に着地点が見えていることは大切です。

着地点を見ながら始めて、予定どおり着いたら、いまいち面白いものにはなりません。

着地点が見えないいまま、始めるのはNGです。

それでは、ただメチャクチャになってしまうからです。

臨機応変とは、面白いものに出会った時に、それを取るということです。

50代で差がつくこと

21 臨機応変にしよう。

22

仕事より、お金を優先すると、自己肯定感が下がる。

50代から、

①　仕事が欲しい人

②　お金が欲しい人

の2通りに分かれます。

早く生涯年収を稼いでハッピーリタイアしたいというのは、アメリカ型の考えです。

日本人は、もともと勤勉なので、お金はいらないから仕事が欲しいと考えます。

ここで、さらに、

①　本当にお金がいらない人

②　やっぱりお金が少し欲しい人

という2通りに分かれるのです。

成功する50代は、「お金はいらない」と言う人です。

この人のところに結果として仕事が集まります。

条件やお金を先行する人は、ギャラや給料が安かった時に少しふてくされ感が出ます。

「毎日忙しいのに、お金が全然入ってこない」というふてくされ感が異臭として出てしまうのです。

20代は忙しい時代です。

お金を使うヒマがないほど忙しいので、お金のことを考えません。

その後、30代、40代は給料が少し上がります。

そうすると、お金を見てしまうのです。

「仕事も忙しいけど、お金も入るんだな」と感じた時に、判断基準がお金に負けてしまうのです。

「給料がもっと欲しい」「給料が下がるのはイヤ」と、お金を優先していくと、今度は自己肯定感が下がります。

安い仕事のほうが、自己肯定感が上がるのです。
ギャラが安いと、かわりに面白いものを探します。
薄味のもので味を探しにいくのと同じです。
それが最終的にハマってしまうのです。
それは、味を探しにいくからです。
京都のお吸い物は、まるで白湯《さゆ》のような薄味です。
本当にだしの味だけだからです。
それでも、薄い味のほうがハマるのです。
自分がおいしさを探しにいくからです。
一口食べておいしいものは、すぐに飽きられます。

仕事も同じです。
それほど手間がかからず儲《もう》かる仕事は、飽きてしまいます。
面白さがないからです。
「これ、手間ばかりかかって、なんの儲けにもならない」「むしろお金を払ってでもやりたい」「やればやるほど赤字」というものが一番面白い仕事なのです。

そういう人にはまた仕事が来ます。

よく「ワークライフバランス」と言います。

ワークライフバランスを考える時、必ずしも仕事がないのがいいとは限りません。

職人は、手間をかけて楽しみます。

手間を味わえるのです。

「お金はいらないから、次の仕事をもらう」というやり方をします。

今は世の中全体もそうなっています。

50歳を過ぎると、手間がかかって儲からない仕事が増えます。

増えるというより、それが見えてきてしまうのです。

「これ、手間がかかって儲からないぞ」という仕事はしないという選択肢もあります。

そうすると、どんどんめんどうくさい仕事から遠ざかって、仕事の面白味がなくなってくるのです。

22

お金よりも、仕事をもらおう。

23

グチと感謝は、同時に言えない。

言えるのは、「グチ」か「感謝」です。
口は同時に違うことが言えません。
グチを言っている間は感謝を言えなくて、感謝を言っている間はグチを言えません。
ハーフ・アンド・ハーフがないのです。
50代からは、

① グチを言う50代
② 感謝を言う50代

の2通りに分かれます。
この時、「どうしたらグチをガマンできるか」と考える人がいます。
グチはどうしても出てしまうので、ガマンはできません。

ガマンしなくても、感謝していればいいのです。

感謝の言葉を口にしていると、感謝の気持ちが湧いてきます。

グチを言うと、グチの気持ちが湧いてきます。

言葉が先にあるのです。

グチを言うと、そのグチを自分で聞いてしまいます。

それによって、「自分はグチを言わなければならないような、かわいそうな状況にあるんだ」と、被害者意識が湧いてきます。

その人は**「被害者としての50代」になってしまいます。**

その人のまわりには「被害者の会の人たち」が集まります。

人間は、みんなでグチを言い合うグループと、感謝する人たちのグループに分かれます。

講演では、きっちりすみ分けができて面白いです。

パーティーでも、一方のコーナーではみんなで感謝を言い合い、もう一方のコーナーではグチを言い合うグループにきっちり分かれます。

感謝を言う人が間違ってグチを言う人が集まっているところに行くと、やがてそこから離れます。

グチを言う人が感謝のテーブルに行くと、そこは面白くないからと離れていってしまうのです。

講演の時は席の移動が起こります。

移動する人を見ていると、「やっぱりそっちに行きましたか」と納得します。

講演では、できるだけ感謝のグループのほうへ向かって話していると、グチのグループのほうから「こっちのほうをもっと見てほしい」というクレームが出るのです。

50代で差がつくこと

23

グチのかわりに、感謝をしよう。

「ゴキゲンな50代」と「フキゲンな50代」に分かれる。

24

歳をとった男性はフキゲンなイメージがあります。
全員ではありません。
ゴキゲンな50代もいれば、フキゲンな50代もいるのです。
ただし、真ん中はいません。
「どちらでもない」という人はいないのです。
男湯と女湯のように、のれんで部屋が分かれています。
どちらになるかは自分で決められるのです。
「私はどっちですか」と聞くことではありません。
あえて、「フキゲン」を選ぶ人もいます。
その人はフキゲンがカッコいいと思っているのです。

写真を撮る時も、歯を見せたら負け、笑ったら負けだと考えています。

部下の女性に「おいしいお寿司屋さんがあるんですよ」と言われて、一緒に食べに行った時も、たとえおいしくても「おいしい」とは言いません。

「まあまあだね。でも、君はまだ本当の寿司を知らない」と言って、自分の威厳を保とうとします。

こんな小娘に連れられて行ったお店で「おいしい」と言ったら、自分の寿司人生が否定されたような気がするのです。

実際は、笑っている人や「おいしい」と言う人のほうが、よほど威厳があります。

講演で笑ってくれる人をもっと盛り上げるようにしています。

フキゲンは、カッコ悪いのです。

先日、お寺に行った時に、お坊さんが来訪者と話していました。

その背中がゴキゲンなのです。

それもイヤらしいゴキゲンではなく、すがすがしいゴキゲンです。

フキゲンは、背中に出ます。

24

ゴキゲンでいよう。

フキゲンな背中には近寄りたくないのです。
20代は出会いの時期です。
50代は2回目の20代なので、出会いがあるのです。
フキゲンでいると出会いのチャンスを逃します。
本人は自分がフキゲンであることに気づきません。
無意識に舌打ちしています。
新幹線でそんな人が隣にいたら、この時点でほかの席に替わりたくなるのです。

お詫びは、AIにはできない。

25

ＡＩが出てきて、仕事がＡＩに奪われるのではないかとビクビクしている人がいます。

大丈夫です。

ＡＩには不得意なことがあるのです。

それは、お詫《わ》びです。

できないこともないですが、ＡＩ的な謝り方は聞いた相手がイラッとするのです。

今は電話交換手ではなく、音声メッセージで応答があります。

「予約の方は1を」という、あれです。

ＡＩは、それがもっと高速になっていきます。

「お詫びの方は2を」と言われて、「2」を押します。

次に「お急ぎの方は1を」と言われます。

「お詫びでお急ぎって何？」と思います。

それを5回ぐらい繰り返すのです。

お詫びは、人間の得意技です。

50代は、

①　お詫びが得意な50代
②　お詫びが苦手な50代

の2通りに分かれます。

そこそこ偉くなると、謝りたくなくなってくるのです。

会社の仕事は、ほとんどがお詫びです。

テレビドラマのプロデューサーは、毎日毎日、「お詫びに行ってまいります。あとは皆さん、よろしくお願いします」と言って出かけていきます。

トラブルは、あちこちでくすぶっています。

それに対して、ひたすらお詫びしてまわることで現場が円滑に進んでいきます。

それがプロデューサーの仕事です。

ふんぞり返っていればいい仕事では全然ないのです。

50代は、お詫びの能力が求められます。

20代の人間のお詫びよりも、50代の人間のお詫びのほうが、その場がおさまります。

帝国ホテルで、「総支配人を出せ！」と怒っている人がいました。

総支配人の簑島《みのしま》清人《きよひと》さんが「あっ、何か。総支配人ですが」と対応しました。

簑島さんが隣にいたので、ビックリしました。

普通は、総支配人がなかなか出てこなくて手こずることが多いのです。

簑島さんは、トラブルがないようにホテル中をまわって、そこでお茶を飲んだりしているのです。

お詫びの苦手な人は、「オレはこんなにキャリアを積んで、役職も上なのに、なんで頭を下げなければいけないんだ」と思っています。

そういう人がお詫びに行くと、渋々頭を下げて、「部下がしたこととはいえ、私の不徳の致すところでございます」と言うのです。

「部下がしたこととはいえ」は、いらない言葉です。

お客様からは、「この人は完全に逃げた。ダメだな」と思われます。

一緒に頭を下げている部下も、「なすりつけられた。この人はこういう人なんだな」と、一気にリスペクトを失うのです。

「部下がしたこととはいえ」というのは、本人は言っている意識はありません。

無意識で出る言葉です。

無意識で出る言葉は、その人のホンネの思考が出ます。

無意識で出る言葉は、よけい怖いのです。

「この人は、いつもなすりつけたいと思っているんだな」「いつも逃げているんだな」と思われます。

そのくせ、何か成功した時は、突然しゃしゃり出てくるのです。

50代で差がつくこと

25 お詫び役を、引き受けよう。

主役より、名脇役が光る。

26

私は20代のころ、雑誌のライターをしていました。

会社の広報を通して、メーカーさんのところにヒット商品の取材に行くのです。

そこに開発部長のような偉い人が出てきます。

二言三言《ふたことみこと》質問すると、「本当に開発したのは、この人じゃないな」とわかってきます。

ヒット商品をつくった本人と、そうでない人とでは、話し方の熱が違います。

「レクチャーを受けて話している」というのは、バレるのです。

雑誌の記事にするためにはサイドストーリーが必要なのに、サイドストーリーの話を振ると、何も答えられないのです。

「この人は、この開発で反対した人だな」とわかります。

ヒット商品について、とうとうと語っている人の大半は、反対した人です。

26 脇役に、まわろう。

リスペクトされる50代は、「僕はわからないから部下に説明させます」と言える人です。

手柄をきちんと部下に渡して、自分は脇役にまわれるのです。

そういう人は、会社でもすぐれたネゴシエーターです。

「全部こいつがやっているから、オレはよく知らない」と言っている人ほど、各方面で調整をしてくれています。

代理店では、「あのヒット商品はオレがつくった」と言う人が１００人以上出てきます。

本当につくった人は、「自分がつくった」とは言いません。

「あのヒット商品は自分がつくった」「あの人は自分が育てた」というのは、すべてウソです。

そういう人は、失敗した時に「部下がやったこととはいえ」と言うタイプです。

そういうことはバレているのです。

27

リスペクトを求めると、リスペクトされない。

50代は、「リスペクトを求める人」と「求めない人」とに分かれます。

リスペクトは、誰でも欲しいことは欲しいのです。

リスペクトは他者承認欲求なので、求めると得られなくなります。

「この人はリスペクトを求めている」ということが、バレてしまいます。

おべんちゃらを言われるのは、「あの人は、こういうふうにおだてておけば大丈夫」と思われているからです。

そういう扱いを受けていることに、本人は気づいていません。

本当にリスペクトされる50代は、人に対してリスペクトできる50代です。

自分へのリスペクトは求めていないのです。

27 目上にも、目下にも、リスペクトを持とう。

50代も20代と同様、上司がいます。

上司と部下を同時にリスペクトできる人が、リスペクトされる人になります。

自分へのリスペクトを求める人は、上司も部下もリスペクトしていないのです。

リスペクトは、言葉で「リスペクトしています」と言うことだけではありません。

大切なのは、その人の思考自体が、目上にも目下にもリスペクト感を持てていることです。

同じ習いごとをしている人に対して、「キャリア何年？　まだ始めたばかりだね」と言う時点でリスペクトを感じません。

「そんな短期間で、もうここまで行ったのか。ヤバいぞ。うかうかしていると抜かれるな」と思うことがリスペクトなのです。

28

年下の師匠を持てる。

狂言は10分でも早く入門した人が兄弟子です。

実年齢は関係ありません。

50代の人の10分前に小学生が入門したら、その小学生が兄弟子です。

習いごとやコレクターの世界には必ず師匠がいます。

50代ともなると、つい自分が師匠になろうとします。

たとえば、自分はメンタルが弱いと思ったら、リスペクトされる50代は「メンタル講座」に行きます。

リスペクトされない50代は「メンタルトレーナー養成講座」に行きます。

カルチャーセンターに行くと、「メンタル講座」と「メンタルトレーナー養成講座」の2つがあるのです。

しかも、メンタルトレーナー養成講座のほうが混んでいます。

まずは、自分のメンタルが強くなることが先です。

いきなりメンタルトレーナーになろうとするのは、教える側にまわって「先生」と呼ばれたいからです。

講座が終了して、名刺に「メンタルトレーナー」と刷って、自分でセミナーを開いても、誰も来ません。

そこで「どうしてくれるんだ。カネ返せ」というクレームになるのです。

その人は以前、ヨガインストラクター講座に行っていました。

インストラクター講座めぐりをする人は、そのものに興味はありません。

ただ肩書を求めているだけです。

肩書を求める人は、習いごとに来ても続きません。

先生も、まわりの生徒さんも、別の目的で習いごとに来ている人がいたら、一瞬で気づくのです。

ボールルーム・ダンスは、男性と女性が1対9の割合です。

男性はモテモテです。

その情報を聞いて下心で来る人は、一瞬でヘンだとわかります。

一緒に踊りたくないのです。

習いごとを通して結婚する人がけっこういるのは、一生懸命取り組んでいる人同士だからです。


習いごとは、下積み時代が長いのです。

昨日習って今日できるようなことではありません。

「50歳にもなって下積みなんかしているヒマはない」と言う人がいます。

その人は50代の強みを生かしていません。

20代に比べて50代の圧倒的な強みは、長期的展望を持てることです。

株は長い目で見られる人の勝ちです。

機関投資家がアマチュア投資家に勝てるのは、長期で持っているからです。

持っているお金の量ではなく、勝負のレンジが違うのです。

短期の利ザヤで稼ごうとする人は、ずっと持ち続けて配当で稼ごうとする人に勝てないのです。

28 師匠になるより、師匠を持とう。

自分が師匠になろうとするよりも、まずは師匠を持つことです。
師匠を持っている人がリスペクトされます。
「この人には、こんな師匠がいる」という筋が見えるのです。
そこの流れに、みんなは入ろうとします。
みずから教祖になっている人のところには、誰も行かないのです。

第3章

不安を、行動するエネルギーに変えよう。

29

「評価されていない」と感じる人は、評価されない。「評価されている」と感じる人は、評価される。

リスペクトされない50代は、自信がない人です。

「自分はどうも評価されていない」

「何か不遇だ」

「会社はまっとうな評価をしてくれていない」

「上司はまっとうな評価をしてくれていない」

と思っているのです。

「自分は評価されていない」と感じる人は、評価されません。

「自分は評価されている」と感じる人は、評価されます。

原因と結果が逆になっているのです。

そもそも客観評価はムリです。

今はこれだけ人事システムが確立されています。

ＡＩやビッグデータもあります。

それでも社員全員の公平な評価は不可能なのです。

評価はどこまで行っても不公平であり、主観です。

唯一の評価の材料は、「自分は評価されている」と信じることです。

そこからがスタートです。

評価されていることを前提に、あらゆるものを解釈していくのです。

「自分は評価されていない」と考える人は、評価されていないことを前提にあらゆることを考えます。

自分にだけ連絡事項が届かなかった時に、「ほらね。評価されていないから嫌がらせされた。これでつながったよ」と思うのです。

「自分は評価されている」と思っている人は、連絡が来なくても、「自分は任されているんだな」とか「また連絡を忘れているな」という解釈になります。

29

評価されていると、信じよう。

前提で解釈が変わるのです。

「私のことをもっと評価してください」と言った瞬間に、判定C以下の評価が下されます。

「もっと頑張れ」と言われて、「頑張っているのに」と言うのと同じです。

「頑張れ」の裏返しは、「評価してください」なのです。

30 不満を、報復より、成長に生かす。不安を、固執より、エネルギーにする。

不満がある時は、つい小さな報復をしてしまいます。

たとえば、みんなが情報共有できないように、カギのかかる引き出しに情報を隠して、仕事が円滑にまわらないようにするのです。

不満は、報復よりも成長に生かすほうがいいのです。

不満を持つことは大切です。

満足していては成長できません。

「これはもっとこんなふうにできたのに。悔しいな」という不満が、次への原動力になります。

100%うまくできることは、ありえないのです。

不安があると、ダメな50代は固執します。

不安は運動エネルギーに変えていくことが大切です。

不安があるからこそ、動くのです。


じっとしていると、不安は増大していきます。

将来のお金が不安なら、働けばいいのです。

仕事をしている間は将来の不安が消えます。

時計と競争しながら締め切りに追い立てられているうちは、不安なことを考えているヒマがありません。


「報復・固執」と「成長・エネルギー」のどちらをとるかです。

報復しているうちは成長しません。

ますます納得いかない待遇になって、また報復したくなるという負のスパイラルへ入ります。

そこから抜け出すには、自分が成長すればいいのです。

50代で差がつくこと
30
報復よりも、成長しよう。

青春出版社
出版案内
http://www.seishun.co.jp/

青春新書 PLAYBOOKS

続々重版

＊具体的な考え方や言葉の使い方が満載で共感の声多数！

自己肯定感を育てる たった1つの習慣

植西 聰

自分を自然に認める力がわいてくるヒント

●少し〝いいかげん〟なくらいでちょうどいい
●1日の中に〝ゆとりの時間〟を増やそう
●「どちらが得か」より「どちらが面白いか」

なにかと不安が続く毎日…〝心の免疫力〟をアップしませんか？

新書判 1000円＋税

やさしいピンクと花柄の全面オビでリニューアル！

978-4-413-21130-7

〒162-0056 東京都新宿区若松町 12-1 ☎03(3207)1916 FAX 03(3205)6339

書店にない場合は、電話またはFAXでご注文ください。代金引換宅配便でお届けします（要送料）。

＊表示価格は本体価格。消費税が加わります。

新しい"生き方"の発見、"自分"の発見！

B6判並製ほか話題の書

[B6判並製]
日本史の表舞台から消えた
「その後」の顚末大全
運命のドラマから、歴史上の人物の「もう一つの顔」をひも解く！
歴史の謎研究会[編]
1000円

[A5判並製]
大人の人間関係
心理の迷宮大事典
あらゆる人間の心のタイプ別"傾向と対策"とは！
おもしろ心理学会[編]
1690円

[B6判並製]
知ってるだけで一目置かれる！
「モノの単位」大事典
あの「数値」や「目安」をひと目で実感！
ホームライフ取材班[編]
1000円

[A5判並製]
1分で相手を引き寄せる
雑談のきっかけ1000
どんな状況でも、相手を引き寄せるネタが1分で見つかる決定版！
2000円

[B6判並製]
小学生はできるのに！
大人は解けないクイズ
知識の詰め込みでは絶対に解けない大人のための新感覚クイズ集！
知的生活追跡班[編]
1000円

[B6判並製]
頭の"瞬発力"がアップする
0(ゼロ)秒クイズ
直感力、判断力、アイデア力を磨けるクイズ集！
知的生活追跡班[編]
1000円

[B6判並製]
日本史の「なぜ？」を解く
200の裏事情
事件の"裏のつながり"から歴史の流れがクッキリ見える！
歴史の謎研究会[編]
1000円

[B6判並製]
お客に言えない
食べ物の裏話大全
産地、流通、外食店…〈食卓〉にまつわるあらゆる噂と疑問に迫る！
㊙情報取材班[編]
1000円

[B6判並製]
ここが一番おもしろい！
三国志 謎の収集
ゼロからわかる通史や読み解きたくなる謎を網羅した「三国志の謎」決定版。
島崎 晋
1200円

[B6判並製]
他人に聞けない
お金の常識大全
お金の常識が変わりゆく時代で賢く生きる！ビジネスヒントマニュアル
マネー・リサーチ・クラブ[編]
1000円

[B6判並製]
ズバぬけた思考回路に覚醒する
京大・東田式 天才パズル
解けば解くほど挑戦したくなるパズルを多数収録！
東田大志&京大東田式パズル教室
1200円

[B6判並製]
オイシい場面(ところ)がつながる
つまみ食い世界史
事件、人物、経済、文化…読むだけで、世界史の流れもポイントも面白いほど頭に入る
歴史の謎研究会[編]
1000円

[B6判並製]
立ち入り禁止の
裏ネタ・隠しネタ大全
あの業界、あの会社、あの集団…世の中の裏事情を明かした決定版！
ライフ・リサーチ・プロジェクト[編]
1000円

[B6判並製]
ウソつきないきもの図鑑
生き残るために工夫した生き物たちの驚きのウソをイラストとともに紹介
實吉達郎[監修]
来栖美憂[著]
1020円

[B6判変型]
ひとりでも生きられる
愛の本質を解いた名著が新装版で待望の復刊！
瀬戸内寂聴
1320円

[B6判並製]
子どもにウケる！不思議が解ける！
科学のネタ大全
宇宙、気象、人体…理系の"目"を通して世の中が楽しめるようになる！
話題の達人倶楽部[編]
1000円

2008教-B

〈新書の図説は本文2色刷・カラー口絵付〉

こころを支える「教え」の真髄

[新書]
図説 地図とあらすじでわかる!
釈迦の生涯と日本の仏教
知るほどに深まる仏教の世界と日々の暮らし
瓜生 中【監修】
1260円

[新書]
図説 あらすじでわかる!
日本の神々と神社
日本人なら知っておきたい、魂の源流。
三橋 健
1050円

[新書]
図説 あらすじでわかる!
親鸞の教え
なぜ、念仏を称えるだけで救われるのか。阿弥陀如来の救いの本質に迫る!
加藤智見
990円

[新書]
図説 あらすじでわかる!
法然と極楽浄土
地獄とは何か、極楽とは何か…法然の生涯と教えの中に浄土への道しるべがあった。
林田康順【監修】
1133円

[新書]
図説 真言密教がわかる!
空海と高野山
なるほど、こんな世界があったのか!空海が求めた救いと信仰の本質にふれる。
中村本然【監修】
1114円

[新書]
図説 あらすじでわかる!
今昔物語集と日本の神と仏
羅城門の鬼、空海の法力…日本人の祈りの原点にふれる1059の物語
小峯和明【監修】
1133円

[新書]
図説 地図とあらすじでわかる!
古事記と日本の神々
日本神話に描かれた知られざる神々の実像とは!
吉田敦彦【監修】
1133円

[新書]
図説 あらすじでわかる!
日本の仏
釈迦如来、阿弥陀如来、不動明王…なるほど、これなら違いがわかる!
速水 侑【監修】
980円

[新書]
図説 生き方を洗いなおす!
地獄と極楽
あらすじと絵で読み解く「あの世」の世界!仏教の死生観とは?
速水 侑【監修】
1181円

[新書]
図説 地図とあらすじでわかる!
山の神々と修験道
日本人は、なぜ「山」を崇めるようになったのか!
鎌田東二【監修】
1120円

[新書]
浄土真宗ではなぜ「清めの塩」を出さないのか
大人の教養として知っておきたい日本仏教、七大宗派のしきたり。
向谷匡史
940円

[B6判]
小さな疑問から心を浄化する!
日本の神様と仏様大全
神様・仏様の全てがわかる決定版!いまさら聞けない163項!
三橋 健
廣澤隆之
1000円

[新書]
図説 あらすじでわかる!
日蓮と法華経
なぜ法華経は「諸経の王」といわれるのか。混沌の世を生き抜く知恵!
永田美穂【監修】
1133円

[新書]
図説 一度は訪ねておきたい!
日本の七宗と総本山・大本山
日本仏教の原点に触れる、心洗われる旅をこの一冊で!
永田美穂【監修】
1210円

[新書]
図説 日本人の源流をたどる!
伊勢神宮と出雲大社
様々な神事、信仰の基盤など、二大神社の全貌に迫る。
瀧音能之【監修】
1100円

[B6判]
古代日本の実像をひもとく
出雲の謎大全
「神々の国」で、何が起きたのか。日本人が知らなかった日本古代史の真相。
瀧音能之
1000円

表示は本体価格

青春新書 PLAYBOOKS 人生を自由自在に活動する

青春新書プレイブックス

知っていることの9割はもう古い！ 理系の新常識
あなたの科学知識を〝最新版〟にアップデート！
現代教育調査班【編】 1000円

いちいち不機嫌にならない生き方
人の一生は〝機嫌の格差〟でこんなに変わる！
名取芳彦 1000円

医者も驚いた！ ざんねんな人体のしくみ
テレビでもおなじみの医師が教える、人体にまつわる衝撃の〝トホホ〟な実態とは？
工藤孝文 1000円

そのひと言がハッとさせる！ とっさの語彙力
レトリックの基礎知識から、インテリ語をモノにする方法、ほめ言葉の本当の使い方が身につく！
話題の達人倶楽部【編】 1000円

いまを乗り越える 哲学のすごい言葉
悩む、考える、行動する―大事なことは哲学者たちが教えてくれる
晴山陽一 1000円

日本人の9割がやっている かなり残念な健康習慣
病気予防やアンチエイジングに効果ナシ!?な最新健康ネタ118項
ホームライフ取材班【編】 1000円

一瞬で「信頼される人」になる！ できる大人のことばの選び方
さだまさし氏推薦！ 仕事と人生にブレイクスルーを起こす60の言いかえ実例
松本秀男 1000円

知っているようで知らない日本語の秘密 切り身なのになぜ刺身？
見てすぐわかる！ 日常で使っている言葉の語源をイラスト付きで解説！
語源の謎研究会【編】 1100円

気にしすぎる自分がラクになる本
小さなことでクヨクヨ、ネガティブ…そんな「困った心」とうまくつき合う方法
長沼睦雄 980円

「敏感すぎる自分」を好きになれる本
HSP気質（とても敏感な気質）とうまくつき合っていくヒントを紹介
長沼睦雄 980円

日本人の9割が知らずに使っている日本語
言われてみればたしかに気になる！ 日本語の大疑問
岩田亮子 1000円

心が元気になる たった1つの休め方
今日からできる！【3分】でエネルギーが涌き始める新しい習慣！
植西聰 1000円

何も咲かない冬の日は下へ下へと根を降ろせ やがて大きな花が咲く
ベストセラー著者が今いちばん伝えたい「幸運の法則」
植西聰 1000円

〝他人の目〟が気にならなくなる たった1つの習慣
他人の視線が気になってしまう人へ、ベストセラー著者が贈る処方箋
植西聰 1000円

【最新版】東大のクールな地理
東大「地理」の入試問題から、世界情勢の〝いま〟が、学べる！
伊藤彰芳 1090円

ビジネスマナーこそ最強の武器である
電話・メール・WEB会議…基本から最新のビジネスマナーまで紹介！
カデナクリエイト【編】 1000円

表示は本体価格

31

自分の給料より、会社の利益を考える人は、コンパクトな生活ができるようになる。

50代は、生活費をコンパクトにしていく必要があります。
給料は下がってくるし、リタイアしたら入ってくる給料がなくなります。
年金をもらうまでには、まだ時間があります。
転職して給料が下がることもあります。
同じ会社にいても、40歳を頂点として下がり始めるのが今の給与体系です。
今までもらっていたマックスの給料を前提にしなくても生活はできます。
子どもたちも自立していきます。
4人家族が夫婦2人になったら、そんなに大きな部屋はいりません。
家賃を抑えることはいくらでもできるのです。
これが「生活をコンパクトにする」という考え方です。

増やすのは簡単です。

減らすのは、ふだんからしていないとできないのです。

自分の生活をコンパクトにできない人は、会社の経費も削れません。

会社で経費を切り詰めるトレーニングをしている人は、結果として自分の生活費もコンパクトになって、お金の不安がなくなります。

ところが、会社のお金は自分のお金ではないので、練習しないのです。

経費を切り詰めるためには、今までつきあいのある人に値切り交渉をする必要があります。

それは自分のメンツが許せません。

「そんなこと、みっともなくてできるか」というひと言で、結果として自分の人生の固定費を小さくできなくなるのです。

31

固定費を小さくしよう。

32

「なんで？」と言うより、「なんと」と驚く。

50代になると、想定外のことがたくさん起こります。

想定外といっても、すべての人が体験してきたことです。

自分史上としては初というだけです。

想定外のことが起こった時のリアクションは2通りに分かれます。

リスペクトされない50代は、「なんで？」と言います。

リスペクトされる50代は、「なんと」と言います。

「なんと」と言った時点で乗り越えられます。

「なんと、給料が半額」「なんと、給料ゼロ円」と言えるのは、すでに受け入れているのです。

「なんで?」と言う人は、そこでとまります。

「なんで?」は口グセです。

テレビニュースを見ても「なんで?」、間違った料理が届いた時も「なんで?」と言うのです。

「なんで?」はブレーキ言葉です。

会話の中で一番イヤな言葉が「なんで?」です。

頭の中で考える時にも「なんで?」が出てきます。

「なんでオレがそんな目に遭わなければいけないんだ」と考えていると、もう1人の自分が「きちんと仕事をしているのに」と言うのです。

「なんで?」と言う自分が、言いわけをする自分を呼び出すのです。

「ブレーキ言葉」と「言いわけ」はセットです。

「なんと」と言う時は、言いわけは出ません。

面白がるしかないからです。

ある人に「北川景子似の女性を紹介します」と言われたとします。

でも、来た女性はあまり似ていませんでした。
ここで「なんで?」と怒ると面白くありません。
「なんと、ちょっと似てる」と言うと楽しくなります。
「なんと」と言うことで、あらゆる状況を楽しめるのです。

50代で差がつくこと

32

ブレーキ言葉を、口グセにしない。

33

ほめるより、学ぶ。

私が研修に行くと、50代のリアクションは2通りに分かれます。

たとえば、「異動の時は、入り方より出方が大切ですよ」とアドバイスすると、「ヤバっ。完全に入り方100でいました。危なかった」と言う人がいます。

そういう人はアドバイスのしがいがあります。

一方で、「なるほど。勉強になります」とか「先生のお話に感動いたしました」と言う人がいます。

感動はいらないから、仕事に応用してほしいのです。

「すごい！」とか「きれい！」とか言って感動している人は、感動で終わります。

応用する人は、感動するのは一瞬で、すぐに気持ちが実践に向かいます。

その間、「すごい」とかは言っていません。
「これはどうしたら今の自分の仕事に生かせるのか」と、考え始めているのです。

50代で差がつくこと

33

感動するより、仕事に応用する。

貯金で守りに入るより、自分の未来に投資する。

34

50代になったら、攻めたほうがいいのです。
50代からが勝負です。
守りに入った時点でディフェンスラインを下げています。
サッカーで11人全員が後ろに戻ったら、点が入らないのです。
50代は、「入ってくるお金」より「出ていくお金」のほうが多くなります。
貯金もどんどん減っていきます。
ここで不安にならなくていいのです。
それは未来の自分への投資です。
ムダに流れているのではありません。
「未来の自分」へ送っているだけです。

50代で差がつくこと

34 未来の自分に、お金をかけよう。

貯金は時間の浪費です。

未来を削っているので、未来は痩せ細っていきます。

お金持ちになる人の特徴は、自分の取り分をできるだけ先送りすることです。

お金持ちになれない人は、自分の取り分をできるだけ先取りしようとします。

今もらえば10万円で、来年もらえば20万円という時に、今の10万円をもらってしまうのです。

それが人生の中でも起きています。

貯金で「いくらあれば安心」という金額はありません。

いくらあっても、なくなる時は一瞬です。

お金をいかに自分の中に入れるかです。

貯金で残したら、不安はどこまで行っても消えません。

未来の自分にお金をかけることで、不安はなくなるのです。

35

まわりにいいカッコをすると、コスト削減はできない。

コスト削減係になれる人が、リスペクトされる50代になります。

「そんな嫌われ役はしたくない」と言う人は、まわりから「みんな頑張ってコスト削減しているのに、あの人だけコスト削減意識がない」という評判になります。

ここでリスペクトがなくなるのです。

嫌われることを恐れていたら、リスペクトは得られません。

いいカッコしいは、コスト削減できないのです。

「あれを切り詰めろ、これを切り詰めろ」と言っていると、みんなから「みみっちい」と言われて嫌われます。

それをするのがリーダーの仕事です。

50代で差がつくこと

35 嫌われるコスト削減係を引き受ける。

何もしないで勝手にコスト削減はできないのです。

リーダーに言われたら、現場の人たちは頑張って切り詰めようとします。

そんな中で、「そんなチマチマしなくていいよ」と言う人が1人いたら、一見カッコいいし、「太っ腹だ」とほめられそうです。

実際は、上からも下からも、「みんなが切り詰めているのに、自分だけいいカッコして」と思われるのです。

結局、いいカッコしいはカッコ悪いのです。

会社の中で一番嫌われる役目がコスト削減係です。

それを引き受けられる人が、リスペクトされる50代になれるのです。

36

トラブルから、逃げない。

50代は、トラブルからの逃げ方がうまくなります。
20代は、逃げ方がヘタです。
20代のころは、何人もの上司が「後は任す」と言って逃げていきました。
最終的に、ランボーのようにジャングルに1人取り残されるのです。
50代で一番大切な仕事は、今までのおつきあいを断る役目をすることです。
要は、嫌われ役です。
これを部下にさせる上司はリスペクトされないのです。
私が20代の時、沼上満雄さんという上司に、あるプロジェクトに誘われました。
後になって、沼上さんに「僕が断るから、一緒にこの仕事は降りよう。めんどうくさい仕事に誘っちゃってゴメンね」と言われました。
それまで「後は任す」という上司ばかりだった私は、「一生この人についていこう」と思ったのです。

50代で差がつくこと

36 断り役を、引き受けよう。

37

拒むと、苦しくなる。受け入れると、楽しくなる。

突然の異動やリストラなど、予期せぬ出来事が起こります。
それが苦しい人と、楽しい人とに分かれます。
「なんで？」と拒むと、苦しくなります。
「なんと」と受け入れると、楽しくなります。
苦しいか楽しいかは、その出来事そのものでは決まりません。
それに対して、自分がどう対応するかで分かれるのです。

めんどうくさい仕事とラクな仕事があった時に、どちらを選ぶかという行為自体が拒んでいます。
たとえめんどうくさい仕事がまわってきても、まずはそれを受け入れることです。

50代で差がつくこと

37

拒むより、受け入れよう。

私は役者の仕事をする時に、キャスティングディレクターに「どんな役をやりたいですか?」と聞かれたら、**「みんなが断った役があったらします」**と言っています。

実際、みんなが二の足を踏むような役もあるのです。

これが1つの基準です。

「あれをやりたい。これをやりたい」ではないのです。

みんなが断った仕事を引き受けていると、自分の可能性が広がります。

自分のしたいことを選んでいると、同じことばかり繰り返すことになるのです。

38

50代で、自発か受け身かがわかる。ヒマになる人は、受け身の人だ。

50代で初めて「受け身」か「自発」かに分かれます。

50代で仕事がヒマになる人は、ずっと受け身でいた人です。

自発の人は、自分で仕事をつくります。

新しいプロジェクトを持ってきたり、新しい得意先を見つけてくるのです。

受け身の人は、そんなことをしたら忙しくなって、自分がめんどうくさいのです。

「営業的なことは、みっともない」という思いもあります。

何も頭を下げて仕事をとってくるということではありません。

50代になると、プロジェクトをつくることが単純にめんどうくさいのです。

レストランの予約1つとるだけでも、めんどうくさい作業です。

そういうことは誰かにしてもらって、自分は呼ばれて行くだけにしたいのです。

そうすれば、文句を言っているだけで済むからです。

3人で食事をすることも、けっこうめんどうくさいことです。

誰かが店を決めると、あとの2人から「家からもっと近いほうがいいんだけど」とか「もっと安くてべろべろに酔える店がいいんだけど」とか言われます。

「あなたがやってください」と言いたくなります。

大切なのは、忙しいことを、いかに楽しめるかなのです。

50代で差がつくこと

38

忙しさを、楽しもう。

第4章

「やりたいこと」より、「役に立つこと」をやろう。

50代は、フリーランスだ。

39

20代は、意識しなくても忙しいのです。
50代は、意識しないと忙しくなりません。
仕事が来るのをひたすら待つのではなく、自分で仕事をつくっていくことです。
50代は、フリーランスです。
問題は、会社から給料をもらうことで、フリーランスの意識が消えることです。

定年になって、いきなりフリーランスになるわけではありません。
実際は、もっと前からフリーランスになっていたのです。
フリーランスなのに何もしなくても給料がもらえるのは、一番ヤバい状況です。
危機感がないので、不満だけが出るのです。

50代で差がつくこと

39

仕事は、自分でつくろう。

危機感のある人は、「なんとかしないと」と、焦っています。
不満を言っているヒマはありません。
漠然とした不満は、危機感のない時に生まれるのです。

40

自発で働いている人は、へこまない。モチベーションが下がっているのは、まわりが気づく。

50代になると、異動や左遷、リストラや給料が下がるなど、いろんな状況がどんどん起こってきます。

ここで「へこむ人」と「へこまない人」がいるのです。

自発的に動いている人は、へこみません。

受け身の人は、受け身だからこそ、それを拒み、へこむのです。

へこむとモチベーションが下がります。

自分としては下がっていないつもりでも、まわりにいる人たちが気づきます。

これが怖いのです。

自覚症状があればまだいいですが、自覚症状がないまま、まわりとの間で現状認識のズレが生まれるのです。

まわりの人は、言葉遣いとか、「ね」とか「よ」などの語尾の違い、そこに込められた熱、ため息1つでもモチベーションが下がっていることを感じ取ります。

自分の認識とまわりの認識が違う時は、常にまわりの認識のほうが正しいのです。

ヘルスメーター的には太っていなくても、まわりの人が「太った」と思ったら、それは太っているということです。

「体重は変わっていません」というのは、関係ないのです。

40

モチベーションが下がっている自分に、気づこう。

41 50代でモチベーションが下がる人は、前から低い。50代でモチベーションが上がる人は、前から高い。

50代でモチベーションが「下がる人」と「下がらない人」がいるというのは、錯覚です。

50代でモチベーションが下がったという人は、前からモチベーションが低かったのです。

50代になって、それが増幅しただけです。

異動でモチベーションが下がる人は、異動する前からモチベーションが下がっていました。

モチベーションが下がっているから異動になったのです。

モチベーションを他者のせいにしないことです。

モチベーションは、他者が上げたり下げたりすることはできません。

キッカケをつくることはできますが、他者のモチベーションを上げることはできないのです。

今のモチベーションは、自分自身がつくっています。

モチベーションにABCDEの5段階があるとすれば、どの段階かは自分が好きに選んでいます。

自分のモチベーションが低いことを他者のせいにして、誰かにモチベーションを上げてもらおうとすること自体が間違っています。

モチベーションの高い人は、「モチベーション」という言葉は使いません。モチベーションのことなど考えないからです。

会話の中に「モチベーション」という単語が出てきた時点で、その人はモチベーションの低い人です。

モチベーションの上がっている人は、「モチベーションが高いですね」と言われた時に、「エッ、そうなの?」と、驚いています。

「やる気満々だね」と言われる人は、自分で「今日は、やる気満々で行こう」と決めたわけではないのです。

「朝起きて、モチベーションを上げるにはどうしたらいいですか」とか、「私はモチベーションが高いですか、低いですか」と聞く人がいます。

そんなことを言う時点で、モチベーションが低いのです。

50代で「今日はモチベーションが低いから会社に行きません」と、20代が言いそうなことを言う人がいます。

これは20代の悪いモノマネです。

モチベーションが高いか低いかに、会社は関係ありません。

とにかく仕事をすればいいのです。

モチベーションが低くても最低限のことができるのが、プロフェッショナルの50代です。

50代の中には、「プロの50代」と「アマチュアの50代」がいます。

プロとアマが混在したプロアマ・オープントーナメントになっているのです。

41

モチベーションを、他者のせいにしない。

42

もたれている人は、もたれていることに気づかない。

50代は、「会社にもたれている人」と、「会社にもたれていない人」の2通りがいます。

「私はもたれていません」という自己申告は当たらないのです。

もたれている人は、もたれていることに気づかないからです。

むしろ「もたれていない」と言う人がもたれていて、「もたれています」と言う人はもたれていません。

独立して会社をつくった時に、自分が会社にもたれていたことに初めて気づくのです。

50代で給料が下がったことに文句を言う人がいます。

ここで言う「給料」は手取りです。

手取りの金額は、会社が払っている金額の半分以下です。

会社は、税金も経費も社会保険も年金も全部払ってくれています。そこに気づかない人は、「給料が安い」と文句を言ったり、ありがたみが湧いてこないのです。

会社を辞めて独立した時に、「こんなに給料を払わなければいけないのか」と、愕然《がくぜん》とします。

こういうことは早く気づいたほうがいいのです。

気づくのが後になればなるほど、しんどくなります。

これが「人を雇う側」と「雇われる側」の意識の違いです。

タダだったものが実際は有料で、誰かに払ってもらっていたことに気づいた時のショックは大きいのです。

電気もガスも水道も、タダではありません。

20代で初めてひとり暮らしを始めた時に、それがよくわかります。

新しい住居に引っ越すと、ブレーカーのところに札がついています。

そこに書いてある業者に連絡しないと電気は来ません。

親と一緒に住んでいたころは、電気はコンセントを入れてスイッチを入れればつくものだと思い込んでいたのです。


これを定年の時に気づくか定年前に気づくかで、大きな違いがあります。

50代は、会社の出方が重要です。

「気づいてから出る」のと「気づかないで出る」のとでは大違いです。

独立してからの関係性も変わります。

独立後に今までいた会社から仕事を委託されるかどうかは、会社の出方で決まるのです。

50代で差がつくこと

42

会社が払ってくれていた税金・経費・社会保険・年金に気づこう。

43

「やりたいこと」より、「役に立つこと」をするのがプロだ。

「50代になったら、そろそろやりたいことをしたい」と言う人がいます。
それは逆です。
20代のころは、やりたいことはできませんでした。
50代は20代の2回目です。
50代ですることは、自分のしたいことではなく、人の役に立つことです。
これがプロです。
したいことは趣味ですればいいのです。

受け身の人は「やりたいことをしたい」と言うわりに、「何がしたいの?」と聞くと、「ない」と言うのです。

それはただ「これはしたくない。あれはしたくない」と言っているだけです。

「したいことは、今考え中」と言うのです。

これはニートです。

ニートには、

① 家に寄生する「家ニート」

② 会社に寄生する「会社ニート」

の2通りがあります。

会社の外に出ない人は会社ニートです。

家ニートは親に文句を言います。

会社ニートは会社に文句を言います。

会社に文句を言う人は老けたニートだったのです。

今、ひきこもりは40代以上が30代以下を上回っています。

今やひきこもりは若者のことではないのです。

ひきこもりにならないためには、人の役に立つことをすればいいのです。

「人の役に立つこと」とは、みんながしたくないことです。

私が「みんながしたくない役があったら持ってきて」と言うのも、そのためです。

みんなが嫌がるような、断る仕事、値切る仕事、細かい決まりを言う仕事を引き受けるのが50代なのです。

50代で差がつくこと

43

みんなのやりたくない仕事を、やろう。

44

グチをこぼすことで、それまでの人生が悲劇になる。

50代で会社を出る時にグチを言うと、会社の人に「そんなふうに思っていたのか」と思われます。

それまでの30年をどんなに頑張ってきたとしても、台なしになるのです。

恋人との別れぎわに「楽しい思い出をいっぱいありがとう」と言われたら、別れたくなくなります。

「最初から好きじゃなかった」と言われたら、台なしです。

ある意味、「別れてよかった。せいせいした」と思われます。

それは損です。

この後の復活劇もありえるのです。

復活している人と復活していない人は、ここに差があるのです。

過去のグチを言うと、晩節を汚すことになります。

炭鉱王の伊藤伝右衛門《でんえもん》の奥さんの柳原白蓮《びゃくれん》は、社会革命家の宮崎龍介と駆け落ちして出奔しました。

若い衆が「思い知らせてやる」と言うのを伊藤伝右衛門がとめて、「手出し無用。一度は惚《ほ》れた女だから」と言いました。

「末代まで弁明不要」というのがカッコいいのです。

50代の過ごし方で、それまでの関係性がよくも悪くも変化するのです。

50代で差がつくこと

44

それまでの人生を、汚さない。

45

「叱られた」と感じるより、「教えられた」と感じる人が成長する。

20代の人は、よく「また叱られた」とか「あの人、怒っている」と言っています。

私も「先生がすごい怒っていた」と言われて、「エッ、いつの話?」と思いました。

まったく怒っていないのに、その人は「怒っている」と感じたのです。

メンタルが落ちている時は、怒っていない人を「怒っている」と感じます。

私は「これはこうだよ」と教えていただけです。

それをネガティブにとらえて、「怒っている」と言うのです。

マナーの話で「これはこうしたほうがいいよ」と言った時に、それを**「教えられた」「いいことを教えてくれた」と感じるのは、ポジティブにとらえています。**

「怒られた」と言われると、教えにくくなります。

「怒られた」と感じる人より、「教えられた」と感じる人のほうが成長します。

クレームの連絡で、まじめなタイプほど「お客様が怒鳴り込んできました」というレポートが来ます。

最悪の事態を想定して、実際に会ってみると、まったく怒っていません。

ただ意見を言っているだけです。

ひょっとしたら、好意からのアドバイスの可能性もあります。

2人ぐらい伝言すると、受けとめ方で「暴れかねない」が「暴れている」に変わります。

これが伝言ゲームの怖さです。

たとえば、犬は、ご主人様命で吠《ほ》えています。

犬に慣れている人は、「おお、強いな」と言って、ほめてあげます。

犬に慣れていない人は、「ウワッ、咬《か》まれる」と怖がります。

しっぽを見ると、ブンブン振っています。

「遊んで」とじゃれているだけなのに、「怒っている」と、とらえるのです。

50代で差がつくこと

45

他者を「怒っている」と感じない。

46

能力の高い人より、目的の高い人が、リスペクトされる。

リスペクトされる人は、能力の高い人ではありません。

目的意識が高い人です。

たとえば、本をつくる時に、

「今度は今までになかった本をつくろう」

「売れなくてもいいから、編集者から、あれ面白いよね、あんなのやりたいよねと言われるような本をつくろうよ」

「読者からも、この出版社って、あんな尖《と》んがったのをやるんだ、と言われるような本をつくろうよ」

と、高い目的を掲げるのです。

能力を議論すると、どんどん守りに入っていきます。

「あの人より自分のほうが仕事ができるのに、なんであの人ばかり人気があるんだ」という文句を言う人がよくいます。

それは能力の差ではなく、そんなことを言っているからです。

リスペクトの高さの違いがあるのです。

目的の高い人には、ついていきたくなります。

元リクルートの東正任《ひがしまさとう》さんは、言うことが痛快で楽しいのです。

「中谷さん、今度、天安門広場で100万人の講演をやりましょう」と言うのです。

高い目的を持てるのは、その人の頭の中が自由だからです。

「可能性」とか「現実性」とか言い始めた時点でアウトです。

そういう人は、わけのわからないものは嫌いです。

現代アート展へ行くと、「わけがわからない」と怒っています。

それでは部下からのリスペクトは生まれません。

その人にとっては、わけがわかるのが古典絵画です。

現代アートに対しては、「こんなの誰でも描けるじゃないか。なんでこれが1億円なんだ。これはゴミだ」と言うのです。

自分が、わけがわかるものはＯＫです。

わけがわからないものは、わからない自分が否定されるようで怖いのです。

現代絵画は、半分は自分が考えなければならないのに、その自由さがないのです。

自分もそこに積極的に参加したいという気持ちを持つことが大切です。

参加意識が「目的を高く持つ」ということです。

能力のある人は、粛々と、つつがなく進めることを求めます。

旅行は行程表どおりでは面白くありません。

行程表がズタズタになったほうが、後から思い出になるのです。

目的の高い仕事が50代の仕事です。

20代は現実を知らないので、目的が高いのです。

30代、40代は、そこそこ現実が見えてくるから、一気に目的が下がります。

ある知り合いが新しいホテルをつくる時に、「中谷さん、大人のホテルをつくりましょうよ」と言っていました。

10年ぐらいたってそのホテルに行くと、目標が一気に下がっていました。

たしかに稼働率が上がって、部屋が埋まって、売上げは上がっていましたが、修学旅行とか団体バスが来てさばくだけのつまらないホテルになっていたのです。

最初に言っていた「大人のホテル」はどこへ行ったのかと思いました。

私が研修で教えているのは、能力を上げることではなく、目的を上げることなのです。

46
能力より、目的を高くしよう。

47 「責任は全部、私がとる」と言う50代に、人はついていく。

リーダーに必要な能力は、スタッフの下がってきた目的をもう一回上げることです。

オリンピックにしても、「今までになかった画期的なオリンピックにしよう」というのが高い目的です。

今までのパターンを踏襲して、つつがなく事を運ぼうとしている時点で目的が低いのです。

目的を高く持って、**ウソでもいいから「責任は全部、私がとる」と言ってほしいのです。**

「責任は全部、私がとる」の反対は、

「万が一のことがあったら、誰が責任をとるの？」

「万が一、お客様のクレームがあったらどうするの？」

という発言です。

このタイプの人は、何かトラブルがあると、「私は聞いてない」と言うのです。

これは50代の発言です。

20代には言えません。

目的の低い50代は、謝りに行くと、「部下がしたこととはいえ、私の不徳の致すところでございます」と言う人です。

自分で責任をとらないで、部下に責任を押しつけているのです。

50代で差がつくこと

47

「誰が責任をとるの？」と言わない。

興奮は、続かない。情熱は、続く。

48

20代の興奮は続きません。

50代の強みは、情熱を持続できることです。

一瞬の興奮は、情熱ではありません。

情熱とは、どんな事態になっても、諦めないで種火のようにずっと燃え続けることです。

みんなが諦めムードになっても、一番最後まで諦めないものです。

NASAの宇宙飛行士選抜テストは、試験官がひたすら受験者の邪魔をして失敗させます。

5人一組のチームの中で、みんなが「間に合わないよ」「ムリだよ」と言う中で、頭をポンと切りかえて、「じゃ、とりあえずこうやってみようよ」と言い出す人間がリーダーになります。

リスペクトされる50代は、下り坂の空気を変えられるのです。

情熱は持続させることが大切です。

火の大きさではなく、種火を燃やし続ける力が情熱なのです。

50代で差がつくこと

48 情熱を、持続しよう。

工夫とは、今までのやり方を変えることだ。工夫の余地のなさそうなものに、工夫を加える。

49

50代の力は、工夫の力です。

「工夫」と「努力」は違います。

残念な50代は、「もっと一生懸命しろ」と、努力を強います。

努力は続きません。

頑張ってうまくいかないと、「もうダメだ」となるのです。

努力は、うまくいかなかった時に同じやり方でもっと力を入れることです。

工夫は、うまくいかなかった時に違うやり方ですることです。

工夫は「もう手がない」とは言いません。

工夫の余地のないものに工夫することを「工夫」と言うのです。

尊敬される50代は、「いい手を思いついた」と言うことから始めます。「なんですか」と聞くと、「今、考えている」と言われます。

大切なのは冒頭に何を言うかです。

反省会で「今日ダメだったところをみんなで言い合おう」と言うと、ダメなところを探し始めます。

学校の職員会議でも、よく「誰か問題ありませんか?」と言っています。

なぜ問題から話を始めるのでしょうか。

問題よりも、うまくいっている話からしたほうがいいのです。

「患者さんが何人増えました」という話より、「何人治りました」という話を聞かせてほしいです。

研修で私が「最近うまくいったことから言い合おう」と言うと、初めは「特にありません」と言われます。

しばらくすると、誰かが「こんなことでもいいんですかね」と言い出します。

私が「いいよ。言って、言って」と言うと、「凄い小さなことで申しわけない。これでうまくいったかどうかわからないですけど、たとえば、こんなことがありまして、お客様に喜んでいただきました」という話をしました。

最初は小さい話のほうがいいのです。

そのほうが「それなら私も似たようなことがあって、こんなふうにしてお客様に喜んでいただきました」という話がみんなから出てきます。

「うまくいっていること、けっこういっぱいあるね」という流れになるのです。

その流れに持っていけるのがリーダーです。

残念な50代は、冒頭で「何か問題ありませんか？」と聞いています。

そのわりに、**誰かが問題を出したら、「なんでそうなったんだ。私は知らないよ」と言うのです。**

50代で差がつくこと

49

「もう手がない」と言わない。

「やってみる」の反対は、考える。

50

「やってみる」の反対語は、「やってみない」ではありません。
「考えておく」です。
部下が一番ガッカリするのは、「考えておく」と言われることです。
それなら「やらない」と言われたほうがマシです。
「なんでやらないんですか」「嫌いだから」で、いいのです。
残念な50代は、好き嫌いを言いません。
好き嫌いは、はっきり言ったほうがわかりやすいのです。

持ってまわった、さもありなんという理由をつけてペンディングにされると、うやむやになるのです。

50代で差がつくこと

50

「考えます」を言わない。

私も編集者に企画を出した時は、ボツならボツで早く答えが欲しいです。

「検討しています」で、ずっと持たれていたら、よそにも持っていけません。

興味がないならないで、興味のある人のところに持っていくだけです。

ボツを早く言わないのは、中途半端な優しさです。

結婚式の欠席のはがきを締め切り直前まで粘る人と同じです。

席順の表はでき上がっているので、粘られると迷惑です。

「最後まで調整したんですけど、やっぱり動かせなくて」と言いますが、ウソです。

「考えます」は言わないほうがいいのです。

51

当事者は、文句を言わない。傍観者は、文句を言う。

50代には「当事者」と「傍観者」の2通りがいます。

その人が話す言葉で、どちらのタイプかわかります。

「総理もよくやってるよ」と言う人は、当事者の人です。

自分もそれをしようと思っているからです。

「総理がダメなんだよ」と言っている人は、自分がする意識のない傍観者です。

ブックレビューで本の悪口を書く人は、自分で本を書かない人です。

自分で本を書いている人は、本を書くのがどれほど大変なのかわかっています。

「あのクリエーターは、なんであんなひどいＣＭをつくるんでしょうね」と言う人は、ＣＭをつくったことのない人です。

ＣＭにはスポンサーさんのご意向があります。

社内プレゼンにも何度もかけられています。

「よくここまでやれているよね」というのが当事者の感覚です。

私も「この企画をどうやって通したんだろう」という見方をしています。

当事者は、どんなことでも「よくやってるよね」という目で見ることができるのです。

私は消防大学校で教えています。

みんなは総理の悪口しか言いません。

傍観者になって、自分が助ける側にまわろうとしないからです。

あらゆる誹謗《ひぼう》中傷は、当事者意識がないことから来ています。

自分の会社に誹謗中傷を言う人は、自分が会社に属している人間という意識がありません。

社員でありながら傍観者という状態なのです。

50代で差がつくこと

51 「よくやってる」とほめよう。

第5章

「生産性」ではなく「付加価値」で、勝負は決まる。

52 育ててもらった恩返しをする。

今、自分がここにいるのは、会社にここまで育ててもらったからです。

給料だけのことではありません。

精神的な労力もすべて含まれます。

習いごとなら高いお月謝を払うようなことを、仕事を通して会社にしてもらったのです。

それに対して、どう恩返しするかです。

入社してから50代になるまで、今の能力は自分でつけたと思っていると、感謝の気持ちは湧いてきません。

50代になると、給料は下がってきます。

「なんで給料が減るんだ」と文句を言うのは、お金以外に目がいっていないのです。

50代で差がつくこと

52 お金以外の報酬に気づこう。

雇われる側と雇う側では意識が違います。

たとえば、新型コロナウイルスですべてのイベントが中止になって、会社の収入がゼロになりました。

それでも社員の給料は払われます。

その分を社長が自腹で埋めているのです。

それが雇う側の認識です。

雇われている側は、会社の売上げが上がろうが下がろうが、給料は確実にもらうという認識です。

会社を辞めて独立した時に、これがわかります。

経営者は、いつかそれに気づいた時にきついだろうなと、憐憫《れんびん》の情で接しているのです。

50歳から、職人になる。職人の仕事は、「つくること」と「育てること」。

53

50歳は、サラリーマンではなく、職人です。

職人の仕事は2つ、「つくること」と「育てること」です。

「つくる」とは、専門のモノをつくることです。

陶芸家なら陶器をつくる、画家なら絵を描く、作家なら本を書くということです。

「育てる」とは、後継者に自分の持っている技を伝えていくことです。

だから職人芸はどんどん続いていくのです。

習いごとも同じです。

50代にとって、会社の仕事は習いごとです。

習いごとは、弟子が先生を選ぶ権利を持っています。

弟子が習いたい先生は、学び続けている先生です。

「私はもうできているから学ばなくていい」と言う人からは学びたくありません。

武道のお稽古は、先生も「よろしくお願いします」「ありがとうございました」と言って、一緒に練習します。

伸びていくのは、生徒から教えられる先生です。

私は中谷塾で生徒に教えています。

生徒に教えるために、自分自身も勉強になります。

「ここがわかってないな」「ここは完全に話が通じてないぞ」というところを、次回までにどう教えればいいか勉強する必要があるのです。

生徒が先生に教えられているのではありません。

実際は、先生が生徒に刺激されて勉強させられているのです。

先生と生徒のレベルが同時に上がっていくので、お互いに自分のレベルが上がっていることに気づきません。

だから習いごとの世界には卒業がないのです。

お茶にも卒業はありません。

「何回通えばできるようになりますか？」という質問は、おかしいのです。

習いごとは、何回か通えば免許が取れる運転免許の教習所とは違います。

先生が新たに何かを学ぼうとしていないと、「何回通えばいいですか？」という話で終わってしまうのです。

53

育てよう。

他の人の企画を引き受けることで、新たな扉が開く。

54

私はもともと本のタイトルを自分で決めていました。

当時ＰＨＰ研究所の副社長だった江口克彦さんは、自信満々で「タイトルはオレがつける」と言っていました。

その江口さんが「中谷さんの本だけは中谷さんがつけていい」と言ってくれたのです。

江口さんには、コピーライターのタイトルをつけるセンスをうまく活用したほうが得だという判断があったのです。

ここが江口さんの素晴らしさです。

私は50代から方針を変えました。

「タイトルを考えてください」と言われたら考えます。

「このタイトルでお願いします」「この切り口でつくってください」と言われたら、受けるようにしています。

言われたタイトルや切り口は、私が今まで考えたことのなかったものです。

お題をもらう形になって、そこから考えると面白いものができるのです。

自分で考えると、クオリティーが高いものができます。

そこには思いもよらないものは生まれません。

「人工交配」と「自然交配」の違いと同じです。

花は常に新種ができています。

きれいな花同士を人間が交配させると、もっときれいな花ができるというのが人工交配です。

人工交配は効率がいいですが、大体予測どおりの結果が出るのです。

「ダリアの神様」と呼ばれる鷲澤《わしざわ》幸治さんは、自然交配にこだわっています。

自然交配は虫任せです。

たくさんの種類のダリアを畑に植えて、それを虫が勝手にかけ合わせるのです。

効率は悪いです。

せっかくのいい花がダメな花とかけ合わされて、ハズレの花になってしまいます。

一方で、想像もできない花ができたりします。

その鷲澤さんがグランプリをとるのです。

私も、「こんな企画でお願いします」と言われたら、「エー」と思いながらも引き受けます。

会場からお題をもらう形のほうが、クリエイティビティーがあるのです。

その現場、現場で拾ったもので予期せぬものをつくり上げていきます。

それをするのが50代です。

自分の企画なら一生懸命しますが、ほかの人の企画はあまり乗り気がしないということではダメです。

ほかの人の企画に乗っかって、「自分ならどうするか」と考えるのが50代の仕事なのです。

50代で差がつくこと

54

ほかの人の企画に、協力しよう。

「工夫する50代」は成長し、「言いわけする50代」は成長しない。

55

「工夫《くふう》」の逆は「言いわけ」です。
「言いわけする50代」と「工夫する50代」とに分かれるのです。
工夫をしている時は無限に成長します。
言いわけしている時は、それ以上の成長はありません。
保身にまわるからです。
まわりの人から見ても、「この人は今、保身に走ったな」ということがわかります。
保身に走っていることが見えていること自体、保身ができていないのです。

職人は言いわけをしません。
言いわけをするヒマがあったら、工夫します。

24時間ずっと、「これをこうしたら面白いんじゃないか」という工夫をしているのです。

頼まれる前から考えるのが広告代理店の職業病です。

これは私の1つの原点です。

さらに原点をたどれば、私の父親もそうなのです。

父親はスーパーマーケットとか商店街をまわりながら、「この店を自分が任されたらどうしよう」「これはきついな。これもきついな。どうしようかな」と、頼まれてもいないのに悩んでいます。

これが楽しいのです。

私も目の前に何かを出されると、「自分だったらどうするか」ということを死ぬほど考えます。

常に工夫を考えていて、これはどうしたらいいんだろう、これはどうしたらいいんだろうと、ずっと探しまわっているのです。

ニュースで総理が出ると、「もし自分が頼まれたらどうするか」ということばかり考えています。

これが工夫です。

工夫は頼まれたことをすることではありません。頼まれていないことを常に考えていることです。頼まれてから考えているようでは遅いのです。

残念な50代は、頼まれても考えません。めんどうくさいからです。

魅力ある50代は、頼まれなくても考えています。

仕事が好きで、工夫するのが好きなのです。

50代で差がつくこと

55

言いわけより、工夫をしよう。

56

「叱ってくれる人」がいなくなると、成長がとまる。

50代になると、「叱ってくれる人」がいなくなります。

叱ってくれる人がいなくなると、成長がとまります。

そもそも、**残念な50代は叱られることが嫌いです。**

叱られると、「また叱られた」と言ってガードします。

叱られないように叱られないようにして、トライしなくなるのです。

企業の会長さんが銀座のクラブに行くのは、クラブのお姉さんが叱ってくれるからです。

叱られると刺激になります。

クラブのお姉さんとは利害関係は何もありません。

年齢も違います。

同業でもありません。
だから気軽に叱れるのです。
会長ぐらいの立場になると、ほかに誰も叱る人がいなくなります。
叱られることによって、脳の回路が開くのです。

私は一流ホテルでスパの研修をしています。
若い経営者も来るし、企業の会長さんクラスも来ます。
若い経営者には、おだてています。
企業の会長さんには、ズバズバ説教します。
そのほうが気に入られるのです。
これが50代とのつきあい方です。

ホンネでズバッと叱られた時の反応で、魅力ある50代か、残念な50代かがわかります。

残念な50代は、叱られると逆ギレします。

魅力ある50代は、「きついな。それ言う？　それ言っちゃった？」と言いながら受け入れます。

叱ってくれる人は、コバンザメにならない人です。

利害関係を恐れず、「これはこうですよ」と言ってくれるのです。

50代で差がつくこと

56

叱ってくれる人を持とう。

57

自分が体験したことがないことから、付加価値が生まれる。

働き方改革では、個人個人の付加価値が必要になります。

生産性を上げるというのは、たとえば10時間かかる仕事を5時間にすることです。

そこで浮いた時間を、付加価値を生み出すことに使うのです。

付加価値とは、ほかの人がマネできないことです。

生産性と付加価値を混同しないようにします。

大切なのは、生産性ではなく、付加価値です。

その人の体験から生まれることは、ほかの人にはマネできません。

体験は1人1人違うからです。

自分の今までの体験が付加価値を生み出せないならば、それは何か1つ体験が足りないのです。

今まで体験したことのないことを体験することによって、足りないピースが埋まって、一気にスパークします。

魅力ある50代は、体験したことのないことを体験できます。

「これは今までしたことがないから、教えて」と言えるのです。

残念な50代は、体験したことのないことでしくじって恥をかくのがイヤなので、体験した範囲内で体験しようとするのです。

そもそも「体験」の定義が間違っています。

体験は、したことのないことをすることです。

したことのあることをするのは、経験です。

体験することで、自分自身の付加価値をつけられるのです。

50代で差がつくこと

57

体験したことがないことを、体験しよう。

面白い体験が魅力になる。

58

50代になると、同質化します。
その中で、「この人だけは違う」と思える人がいます。
みんなと違う人の魅力は能力ではありません。
結局、面白い体験をしているかどうかです。
チョイ悪は、悪そうな格好をしていることではありません。
普通はしない体験をしていることです。
その体験が、その人の魅力になっていくのです。

ニューヨークとか、パリ、ロンドンに行ったという話より、ナミブ砂漠に行った話のほうが面白いです。

「なぜそこへ行ったの？」と、聞きたくなります。

「この間、たまたまブルキナファソに行ったら……」という話も、「ブルキナファソ？　そんなところにたまたま行くか？　まず、ブルキナファソってどこだ？」と思います。

「仕事ですか？」と聞くと、「いや、プライベートで」と言うのです。

「プライベートでブルキナファソって……」と、頭の中は疑問だらけです。

その人はヘンなところばかり行っているので、税関に怪しまれます。

それがその人の魅力であり、付加価値です。

付加価値は、ビジネスだけではなく、人間的魅力でもあるのです。

58

普通の人はしない体験をしよう。

59

頼みごとは、融通がきく相手にしかされない。

50代は、「頼みごとをされる50代」と、「頼みごとをされない50代」とに分かれます。

残念な50代は、そもそも頼みごとをされるのがめんどうくさいのです。

自分がカッコいいことはしたいですが、めんどうくさいことはしたくないのです。

そもそも残念な50代は頼みごとをされません。

マニュアルを押しつけてくるからです。

「こういう理由でできない」「ルールだからできない」と言って、融通がきかないのです。

頼みごとをする側が見ているのは、その人がそれを解決する能力があるかどうかではありません。

融通がきくかどうかです。

「融通がきかない」と思ったら、さっと引きます。

「大丈夫です。自分でなんとかします。すみません、ヘンなこと言って。忘れてください」と言われるのです。

頼みごとをする側は、プレッシャーがあります。

プレッシャーを感じさせずに、頼みごとを引き受けてくれる人に頼みごとをしたいのです。

「何かあったらオレに頼め」と言っているわりには、頼む側にプレッシャーをかけてくる人がいます。

その人には誰も頼みません。

リスペクトされる50代は、「頼みごとの窓口」に慣れている人です。

ホテルをとってもらう時に、めんどうくさそうな顔をする人か、全然めんどうくさい顔をしないで、すぐ目の前で電話をかけてくれる人かで分かれます。

50代は、コンシェルジュの能力が求められるのです。

コンシェルジュは、人脈の勝負です。

いつも同じメンバーで会っていると、人脈は広がりません。

人脈を広げるには新しい体験が必要です。

「あの人に1回会ったことがあるから、ちょっと連絡してみよう」というのが人脈です。

同じ人間とばかり会っていたら、人脈はまったく広がりません。

知らない人に自分から名刺を出して、頭を下げて挨拶しないと、人脈は広がらないのです。

自分が恥をかくような現場に行くことで、格上の人との人脈が広がります。

逆に言えば、恥をかくことに抵抗感がある人は人脈が広がりません。

お客様として扱われているのは、人脈ではなく、カモにされているだけなのです。

59 相手にプレッシャーなく、頼まれるようになろう。

60

自分のためにするのが、マニュアル。相手のためにするのが、融通。

「マニュアル」と「融通」は相反することです。

「マニュアルに従っただけだから、私は責任をとらなくていい」と言う人は、責任回避のためにマニュアルを使っています。

本来、マニュアルは仕事の効率化のためのものです。

「マニュアルにこう書いてあるから」と逃げていたら、リーダーはいりません。

マニュアルがリーダーになるからです。

マニュアルに99％書かれていても、残りの1％に融通をきかせるのが、マニュアルを使いこなすということです。

これが、マニュアルが人を使うのか、人がマニュアルを使うのかの分かれ目です。

融通力は、マニュアルを使いこなす1％の力です。

60 融通力を持とう。

融通のきく人は、想定外の事態が起こった時に頼りになります。マニュアルは想定内の事態までしか書いていません。

これから起こる出来事は、日々、想定していないことです。

その時に頼りになるかならないかが50代の分かれ目です。

たとえば、津波が起きた時に、マニュアルでは「3階以上の建物に避難する」と書かれています。

マニュアルどおりならば、3階の屋上に逃げればいいのです。

その中で、「今回は山まで逃げたほうがいい」と感じた人との間で議論が起こります。

「逃げている途中で津波が来たら、誰が責任をとるんだ」ということで、マニュアルどおりにして被害に遭ったところもあります。

原発事故も、電力会社で働いている人だけの問題ではありません。

それぞれのところで、それぞれの人が考えなければならない問題なのです。

61

予測ではなく、うまくいく方法を教える。

大阪の御堂筋《みどうすじ》線で、新大阪に向かう地下鉄に乗っていた時のことです。

後ろから「すみません」と、声をかけられました。

そういう時は大体、「サインください」と言われます。

私はペンの入っているポケットに手を入れて、「いいですよ」という答えを用意しながら振り返りました。

すると、若い男性が「僕、22時半の電車に間に合いますか?」と聞いたのです。

私は、いろいろ人の相談にのっています。

相談されると、相談モードにすぐ入ります。

彼は「もし間に合うなら、スマートチケットを買います」と言って、画面を出して押そうとしていました。

私は時計を見て、「この調子で行くと、新大阪には10時27分に着く。けっこう距離があるから、次の電車にしておいたほうが安全じゃないですか」と言うと、「いや、これが名古屋に帰る終電なんです。終電に乗り遅れると嫁に叱られるんです」と言うのです。

彼が最初に聞いた人に「兄ちゃん、ムリや」と言われました。

2人目に聞いた人には「大阪に泊まり」と言われました。

3人目が私です。

私が「乗り換えの道はわかるか？　言ってみて」と言うと、「右を降りて、そのまま降りて真っすぐ行って、エスカレーターを上がって斜め左」と答えました。

「わかっている。よし、行ける。ただし、走るんだよ。まずは降り口に一番近いところへ立とう」と言うと、「ここです」と言うのです。

たまたまそこに立っていたのです。

「行ける」と思って走るのと「ムリだろう」と思って走るのとでは、まったく違います。大切なのは、まずは「行ける！」と思うことです。

もう1つは具体的なアドバイスです。

道を間違えたらアウトです。

間違って覚えていても修正できるように、わざわざ言わせたのです。

私は「降り口に一番近いところへ立って、エスカレーターが混まないうちに、さっと行ったほうがいい」という具体的なアドバイスをしました。

ところが、駅に着くと、彼は「こっちですね」と、いきなり逆を指すのです。

近くに座っていたオジサンが、「こっち！」と、反対方向を指さしました。

これが大阪人の参加性です。

そのオジサンは、私たちの話をずっと聞いていたのです。

その後、彼が間に合ったかどうかはわかりません。

ずっと気になっていたので、次に大阪に行った時に、ストップウォッチを持って時間をはかってみると、速足《はやあし》で2分30秒で行けました。

たとえ間に合うかどうかわからなくても、ここは走るしかありません。

「ムリ」と言うのは簡単です。

ここで誰かが「行ける！」と言ってあげることが大切です。
ひょっとしたら、電車が遅れる可能性もあります。
終電なので、走っている人を見た車掌さんが待ってくれることもあります。
厳密な「3分」ではないところに期待できるのです。

聞かれた時に「行ける！」と言ってあげるのが50代です。
行けるか行けないかを判断するのではありません。
まずは「行ける！」と言って、それを前提にどうすればいいかを考えるのです。
彼が探していたのは、「行ける！」のひと言です。
その3人目が私だったのです。
もちろん、私が中谷彰宏だと知っていたわけではありません。
すべての人にとって、「行ける！」と背中を押してくれる存在は大切です。
それを言える人がカッコいい50代なのです。

50代で差がつくこと

61 選んだほうを成功させる工夫を教える。

『一流の話し方』
『一流のお金の生み出し方』
『一流の思考の作り方』

【ぱる出版】

『粋な人、野暮な人。』
『品のある稼ぎ方・使い方』
『察する人、間の悪い人。』
『選ばれる人、選ばれない人。』
『一流のウソは、人を幸せにする。』
『なぜ、あの人は「本番」に強いのか』
『セクシーな男、男前な女。』
『運のある人、運のない人』
『器の大きい人、器の小さい人』
『品のある人、品のない人』

【学研プラス】

『読む本で、人生が変わる。』
『なぜあの人は感じがいいのか。』
『頑張らない人は、うまくいく。』
『見た目を磨く人は、うまくいく』【文庫】
『セクシーな人は、うまくいく。』
『片づけられる人は、うまくいく。』【文庫】
『美人力』（ハンディ版）
『怒らない人は、うまくいく。』【文庫】
『すぐやる人は、うまくいく。』【文庫】

【ファーストプレス】

『「超一流」の会話術』
『「超一流」の分析力』
『「超一流」の構想術』
『「超一流」の整理術』
『「超一流」の時間術』
『「超一流」の行動術』
『「超一流」の勉強法』
『「超一流」の仕事術』

【水王舎】

『なぜ美術館に通う人は「気品」があるのか。』
『なぜあの人は「美意識」があるのか。』
『なぜあの人は「教養」があるのか。』
『結果を出す人の話し方』
『「人脈」を「お金」にかえる勉強』
『「学び」を「お金」にかえる勉強』

【あさ出版】

『孤独が人生を豊かにする』
『気まずくならない雑談力』
『「いつまでもクヨクヨしたくない」とき読む本』
『「イライラしてるな」と思ったとき読む本』
『なぜあの人は会話がつづくのか』

【すばる舎リンケージ】

『仕事が速い人が無意識にしている工夫』
『好かれる人が無意識にしている文章の書き方』
『好かれる人が無意識にしている言葉の選び方』
『好かれる人が無意識にしている気の使い方』

【日本実業出版社】

『出会いに恵まれる女性がしている63のこと』
『凛とした女性がしている63のこと』
『一流の人が言わない50のこと』
『一流の男 一流の風格』

【現代書林】

『チャンスは「ムダなこと」から生まれる。』
『お金の不安がなくなる60の方法』
『なぜあの人には「大人の色気」があるのか』

【毎日新聞出版】

『あなたのまわりに「いいこと」が起きる70の言葉』
『なぜあの人は心が折れないのか』
『一流のナンバー2』

【ぜんにち出版】

『リーダーの条件』
『モテるオヤジの作法2』
『かわいげのある女』

【DHC】

ポストカード『会う人みんな神さま』
書画集『会う人みんな神さま』
『あと「ひとこと」の英会話』

【大和出版】

『自己演出力』
『一流の準備力』

【秀和システム】

『人とは違う生き方をしよう。』
『なぜいい女は「大人の男」とつきあうのか。』

【海竜社】

『昨日より強い自分を引き出す61の方法』
『一流のストレス』

【リンデン舎】

『状況は、自分が思うほど悪くない。』
『速いミスは、許される。』

【文芸社】

『全力で、1ミリ進もう。』【文庫】
『贅沢なキスをしよう。』【文庫】

【総合法令出版】

『「気がきくね」と言われる人のシンプルな法則』
『伝説のホストに学ぶ82の成功法則』

【サンクチュアリ出版】

『転職先はわたしの会社』
『壁に当たるのは気モチイイ 人生もエッチも』

【青春出版社】

『いくつになっても「求められる人」の小さな習慣』

【WAVE出版】

『リアクションを制する者が20代を制する。』

【ユサブル】

『1秒で刺さる書き方』

【河出書房新社】

『成功する人は、教わり方が違う。』

【二見書房】

『「お金持ち」の時間術』【文庫】

【ミライカナイブックス】

『名前を聞く前に、キスをしよう。』

【イースト・プレス】

『なぜかモテる人がしている42のこと』【文庫】

【第三文明社】

『仕事は、最高に楽しい。』

【日本経済新聞出版社】

『会社で自由に生きる法』

【講談社】

『なぜ あの人は強いのか』【文庫】

【アクセス・パブリッシング】

『大人になってからもう一度受けたい コミュニケーションの授業』

【阪急コミュニケーションズ】

『サクセス＆ハッピーになる50の方法』

【きこ書房】

『大人の教科書』

中谷彰宏の主な著作一覧 2020

【ダイヤモンド社】

『60代でしなければならない50のこと』
『面接の達人 バイブル版』
『なぜあの人は感情的にならないのか』
『50代でしなければならない55のこと』
『なぜあの人の話は楽しいのか』
『なぜあの人はすぐやるのか』
『なぜあの人は逆境に強いのか』
『なぜあの人の話に納得してしまうのか［新版］』
『なぜあの人は勉強が続くのか』
『なぜあの人は仕事ができるのか』
『25歳までにしなければならない59のこと』
『なぜあの人は整理がうまいのか』
『なぜあの人はいつもやる気があるのか』
『なぜあのリーダーに人はついていくのか』
『大人のマナー』
『＋1％の企画力』
『なぜあの人は人前で話すのがうまいのか』
『あなたが「あなた」を超えるとき』
『中谷彰宏金言集』
『こんな上司に叱られたい。』
『フォローの達人』
『「キレない力」を作る50の方法』
『女性に尊敬されるリーダーが、成功する。』
『30代で出会わなければならない50人』
『20代で出会わなければならない50人』
『就活時代しなければならない50のこと』
『あせらず、止まらず、退かず。』
『お客様を育てるサービス』
『あの人の下なら、「やる気」が出る。』
『なくてはならない人になる』
『人のために何ができるか』
『キャパのある人が、成功する。』
『時間をプレゼントする人が、成功する。』
『明日がワクワクする50の方法』
『ターニングポイントに立つ君に』
『空気を読める人が、成功する。』
『整理力を高める50の方法』
『迷いを断ち切る50の方法』
『なぜあの人は10歳若く見えるのか』
『初対面で好かれる60の話し方』
『成功体質になる50の方法』
『運が開ける接客術』
『運のいい人に好かれる50の方法』
『本番力を高める57の方法』
『運が開ける勉強法』
『バランス力のある人が、成功する。』
『ラスト3分に強くなる50の方法』
『逆転力を高める50の方法』
『最初の3年 その他大勢から抜け出す50の方法』
『ドタン場に強くなる50の方法』
『アイデアが止まらなくなる50の方法』
『思い出した夢は、実現する。』
『メンタル力で逆転する50の方法』
『自分力を高めるヒント』
『なぜあの人はストレスに強いのか』
『面白くなければカッコよくない』
『たった一言で生まれ変わる』
『スピード自己実現』
『スピード開運術』
『スピード問題解決』
『スピード危機管理』
『一流の勉強術』
『スピード意識改革』
『お客様のファンになろう』
『20代自分らしく生きる45の方法』
『なぜあの人は問題解決がうまいのか』
『しびれるサービス』
『大人のスピード説得術』
『お客様に学ぶサービス勉強法』
『スピード人脈術』
『スピードサービス』
『スピード成功の方程式』
『スピードリーダーシップ』
『出会いにひとつのムダもない』
『なぜあの人は気がきくのか』
『お客様にしなければならない50のこと』
『大人になる前にしなければならない50のこと』
『なぜあの人はお客さんに好かれるのか』
『会社で教えてくれない50のこと』
『なぜあの人は時間を創り出せるのか』
『なぜあの人は運が強いのか』
『20代でしなければならない50のこと』
『なぜあの人はプレッシャーに強いのか』
『大学時代しなければならない50のこと』
『あなたに起こることはすべて正しい』

【きずな出版】

『チャンスをつかめる人のビジネスマナー』
『生きる誘惑』
『しがみつかない大人になる63の方法』
『「理不尽」が多い人ほど、強くなる。』
『グズグズしない人の61の習慣』
『イライラしない人の63の習慣』
『悩まない人の63の習慣』
『いい女は「涙を背に流し、微笑みを抱く男」とつきあう。』
『ファーストクラスに乗る人の自己投資』
『いい女は「紳士」とつきあう。』
『ファーストクラスに乗る人の発想』
『いい女は「言いなりになりたい男」とつきあう。』
『ファーストクラスに乗る人の人間関係』
『いい女は「変身させてくれる男」とつきあう。』
『ファーストクラスに乗る人の人脈』
『ファーストクラスに乗る人のお金2』
『ファーストクラスに乗る人の仕事』
『ファーストクラスに乗る人の教育』
『ファーストクラスに乗る人の勉強』
『ファーストクラスに乗る人のお金』
『ファーストクラスに乗る人のノート』
『ギリギリセーーフ』

【PHP研究所】

『自己肯定感が一瞬で上がる63の方法』【文庫】
『定年前に生まれ変わろう』
『なぜあの人は、しなやかで強いのか』
『メンタルが強くなる60のルーティン』
『なぜランチタイムに本を読む人は、成功するのか。』
『中学時代にガンバれる40の言葉』
『中学時代がハッピーになる30のこと』
『もう一度会いたくなる人の聞く力』
『14歳からの人生哲学』
『受験生すぐにできる50のこと』
『高校受験すぐにできる40のこと』
『ほんのささいなことに、恋の幸せがある。』
『高校時代にしておく50のこと』
『お金持ちは、お札の向きがそろっている。』【文庫】
『仕事の極め方』
『中学時代にしておく50のこと』
『たった3分で愛される人になる』【文庫】
『【図解】「できる人」のスピード整理術』
『【図解】「できる人」の時間活用ノート』
『自分で考える人が成功する』【文庫】
『入社3年目までに勝負がつく77の法則』【文庫】

【大和書房】

『大人の男の身だしなみ』
『今日から「印象美人」』【文庫】
『いい女のしぐさ』【文庫】
『美人は、片づけから。』【文庫】
『いい女の話し方』【文庫】
『「つらいな」と思ったとき読む本』【文庫】
『27歳からのいい女養成講座』【文庫】
『なぜか「HAPPY」な女性の習慣』【文庫】
『なぜか「美人」に見える女性の習慣』【文庫】
『いい女の教科書』【文庫】
『いい女恋愛塾』【文庫】
『「女を楽しませる」ことが男の最高の仕事。』【文庫】
『いい女練習帳』【文庫】
『男は女で修行する。』【文庫】

【リベラル社】

『眠れなくなるほど面白い哲学の話』
『1分で伝える力』
『「また会いたい」と思われる人「二度目はない」と思われる人』
『モチベーションの強化書』
『50代がもっともっと楽しくなる方法』
『40代がもっと楽しくなる方法』
『30代が楽しくなる方法』
『チャンスをつかむ 超会話術』
『自分を変える 超時間術』
『チームを成長させる 問題解決のコツ』
『部下をイキイキさせる リーダーの技術』

本の感想など、どんなことでも、

あなたからのお手紙をお待ちしています。

僕は、本気で読みます。

中谷彰宏

〒162-0056　東京都新宿区若松町12-1
青春出版社気付　中谷彰宏 行

※食品、現金、切手などの同封は、
ご遠慮ください（編集部）

中谷彰宏は、盲導犬育成事業に賛同し、この本の印税の一部を（公財）日本盲導犬協会に寄付しています。

著者紹介

中谷彰宏（なかたに　あきひろ）
1959年、大阪府生まれ。早稲田大学第一文学部演劇科卒業。84年、博報堂入社。ＣＭプランナーとして、テレビ、ラジオＣＭの企画、演出をする。91年、独立し、(株)中谷彰宏事務所を設立。ビジネス書から恋愛エッセイ、小説まで、多岐にわたるジャンルで、数多くのベストセラー、ロングセラーを送り出す。「中谷塾」を主宰し、全国で講演・ワークショップ活動を行っている。

中谷彰宏公式サイト
https://an-web.com/

50代《だい》でうまくいく人《ひと》の
無意識《むいしき》の習慣《しゅうかん》

2020年 9月 1日　第 1 刷

著　　者　中《なか》 谷《たに》 彰《あき》 宏《ひろ》
発 行 者　小 澤 源 太 郎

責任編集　株式会社　プライム涌光
電話　編集部　03(3203)2850

発 行 所　株式会社　青春出版社
東京都新宿区若松町12番 1 号 〒162-0056
振替番号　00190-7-98602
電話　営業部　03(3207)1916

印　刷　中央精版印刷　　製　本　フォーネット社

万一、落丁、乱丁がありました節は、お取りかえします。
ISBN978-4-413-23167-1 C0030
© Akihiro Nakatani 2020 Printed in Japan

本書の内容の一部あるいは全部を無断で複写(コピー)することは著作権法上認められている場合を除き、禁じられています。

青春出版社　中谷彰宏の好評既刊

いくつになっても「求められる人」の小さな習慣

仕事・人間関係で差がつく60のこと

40歳を過ぎて求められるのは、実は「能力のある人」より「信用のある人」――。
「すみません」「わかりました」「勘違いしました」と言わない、など
仕事でも人間関係でも求められる人になるためのヒントが満載の一冊。

ISBN 978-4-413-23126-8　1350円

お願い　ページわりの関係からここでは一部の既刊本しか掲載してありません。折り込みの出版案内もご参考にご覧ください。

※上記は本体価格です。（消費税が別途加算されます）
※書名コード（ISBN）は、書店へのご注文にご利用ください。書店にない場合、電話またはFax（書名・冊数・氏名・住所・電話番号を明記）でもご注文いただけます（代金引換宅急便）。商品到着時に定価＋手数料をお支払いください。〔直販係　電話03-3203-5121　Fax03-3207-0982〕
※青春出版社のホームページでも、オンラインで書籍をお買い求めいただけます。ぜひご利用ください。〔http://www.seishun.co.jp/〕